晋戏国典

山西省戏剧研究所 ◎ 主编

北路梆子国家级非遗传承人
张彩平艺术评传

中国戏剧出版社
CHINA THEATRE PRESS

图书在版编目（CIP）数据

晋戏图典：北路梆子国家级非遗传承人张彩平艺术评传 / 山西省戏剧研究所主编． -- 北京：中国戏剧出版社，2022.9

ISBN 978-7-104-05176-3

Ⅰ．①晋⋯ Ⅱ．①山⋯ Ⅲ．①张彩平－评传 Ⅳ.①K825.78

中国版本图书馆CIP数据核字(2021)第259795号

晋戏图典：北路梆子国家级非遗传承人张彩平艺术评传

责任编辑：肖　楠
项目统筹：李　静
责任印制：冯志强

出版发行：中国戏剧出版社
出 版 人：樊国宾
社　　址：北京市西城区天宁寺前街2号国家音乐产业基地L座
邮　　编：100055
网　　址：www.theatrebook.cn
电　　话：010-63385980（总编室）　010-63381560（发行部）
传　　真：010-63381560

读者服务：010-63381560
邮购地址：北京市西城区天宁寺前街2号国家音乐产业基地L座

印　　刷：山西基因包装印刷科技股份有限公司
开　　本：787mm×1092mm　1/16
印　　张：17.5
字　　数：250千字
版　　次：2022年9月　北京第1版第1次印刷
书　　号：ISBN 978-7-104-05176-3
定　　价：198.00元

版权专有，违者必究；如有质量问题，请与出版社联系调换。

《晋戏图典·北路梆子国家级非遗传承人张彩平艺术评传》

编 委 会

主　　任：单红龙

副 主 任：温江鸿　王菁华　苗　洁　武绍宏
　　　　　康　凤　吴　宾　祁爱斌

成　　员：吴春勤　李俊梅　霍晋平　关　睿

《晋戏图典·北路梆子国家级非遗传承人张彩平艺术评传》

编辑出版委员会

主　　编：祁爱斌

副 主 编：武铁亮　马　军

执行副主编：于小军　贾　伟　徐秉梅

编　　辑：（以姓氏笔画为序）

　　　　　闫　昕　杜　蓉　张　芳　张　玥

　　　　　武　超　赵　欣　荆　晶　胡凌子

　　　　　荣　浪　贾　燕　桑锦虹　温建宏

在第四届全国戏曲演员讲习会学习期间
张彩平（左二）与戏剧导演艺术家阿甲（中）、
蒲剧王秀兰（左三）、晋剧王万梅（右三）、晋剧高翠英（右二）等在一起

时任国家文化部艺术局局长曲润海（前左六）
与《琴笳赋》剧组编创人员合影（前右四为张彩平）

时任中国戏剧家协会主席李默然
与张彩平（左一）、王珍茹（右一）合影

时任中国文联书记处书记、中国剧协分党组书记廖奔（右）
在第二十届中国戏剧梅花奖颁奖仪式现场与张彩平合影

中国剧协名誉主席、京剧表演艺术家尚长荣（右）
受聘大同市北路梆子剧种传习中心艺术顾问并与张彩平合影

原北京京剧院院长石宏图（左一）、
京剧表演艺术家叶红珠（中）与张彩平在一起

"三度梅花奖"获得者、河北梆子与京昆表演艺术家、
中国剧协副主席裴艳玲（左）与张彩平在一起

中国戏剧家协会艺委会副主任曲六乙（左）与张彩平合影

刘文峰（左五）、谭志湘（左七）、曲六乙（右七）等戏剧专家观看《琴挑赋》演出后与大同市副市长冀明德（右五）、张彩平（中）等剧组人员合影

全国劳动模范、山西省昔阳县大寨村党支部书记郭凤莲（中）与张彩平（右二）等出席省人代会的代表在一起

北路梆子表演艺术家"小电灯"贾桂林（左一）
在雁北戏校教学指导，张彩平（右一）参加会见

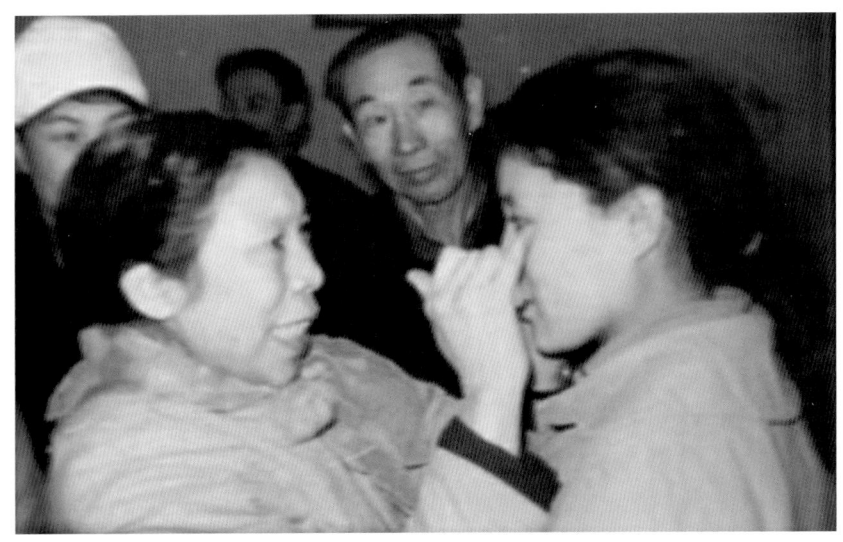

1982年张彩平参评演出《断桥》，
晋剧表演艺术家花艳君（左一）为张彩平（右一）指导化妆

时任中国戏曲表演学会会长、
京剧表演、导演艺术家胡芝凤（左）
与张彩平合影

河北梆子表演艺术家刘玉玲（中）
与北路梆子表演艺术家赵翠英
（左）、张彩平（右）合影

京剧表演、导演艺术家胡芝凤（中）
与北路梆子教育家、音乐家张国才（右），张彩平（左）在一起排练

晋剧表演艺术家王爱爱（右一）、王万梅（左一）参加第四届全国戏曲演员讲习会学习期间与张彩平（后排右）等学员合影

晋剧表演、导演艺术家肖桂叶（左）与张彩平合影

张彩平与北路梆子表演艺术家张桂荣（右）在一起

我说张彩平（序）

曲润海

受山西省戏剧研究所与张彩平之约，龚晋文先生为张彩平写的评传，是一本近三十万字的大书。因为既要评论张彩平的艺术成就，又要记叙张彩平的成长历程，因而叫"评传"。

戏研所要我作序。我半年前"经抢救有效"，从鬼门关逃回来，还不能细看大部头文稿，作不了序，只能杂说几句借书稿谈论张彩平的话。

一、农家女儿有出息。张彩平，1961年出生于金沙滩上怀仁县一个叫黎寨小村的独姓独户。虽然是独姓独户，却人缘不错，父亲不仅是乡村文艺积极分子，而且是全村的领头人。尽管如此，张彩平却是一个规规矩矩、老老实实、少言少语、认真读书、用心做事的孩子，只在跟着父亲唱秧歌的时候，才神采飞扬起来，成为乡里、县里的小明星。因此她13岁考艺校一考就中，七年学艺，终成大才。21岁挂金牌，41岁插梅花，50岁扛大旗，出任大同北路梆子剧团团长，真是：黎寨风水耀金沙，柴门飞出金凤凰！

二、左右逢源出新腔。张彩平上艺校的时候，北路梆子闻名天下的表演艺术家是"小电灯"贾桂林，但是张彩平的教戏老师却是"水上漂"王玉山的徒弟韩秀珍和贾桂林的妹妹贾桂仙的徒弟刘林凤，真是太巧合太幸运了！"水上漂"是五台人，坐科在定襄，师傅是"九条龙"雷福禄，同科的有"九岁红"高玉贵、"七岁红"高三贵、"二梅兰"雷补枝等，王玉山排行第二，大家叫他"二哥"。他最拿手的是腿功、台步，动作轻盈，圆场行如漂水，且头包得好，衣衫得体，简直女人化了。他的唱腔，真假声并用，被誉为"两股风"。后来到了内蒙古，"风搅雪"兼唱中路梆子，形成了独特的流派。张彩平得益于"水上漂"流派，基本功扎实，身上好看，唱腔自如。而她演出的几个代表性的剧目，却是贾桂林的演出本，又不能不取法贾派，贾桂林也亲自给她们传授过。贾桂林是大同人，最后落脚到忻州，正好与"水上漂"打了个颠倒。这就把过去的"大北路""小北路"融合了。因此，现在没有必要硬把大同北路梆子说成"大北路"，非争个"大"不成。依我说，彩平唱的就是融合了"水上漂"与"小电灯"的"彩平腔"。如果非想找个"大北路"，那就是抗日牺牲了的"小十三旦"郭占鳌，以及"拉铃儿、花女子、福鱼儿、玉梅子""八八、九九旦"，可是谁知道他们是怎么唱的？我倒是听过"玉梅子"孔丽贞的录音，但那已经是中路梆子了。艺随时兴，音随地改，我们还是分享吴天凤、张彩平吧！

三、一鸣惊人过雁门。凭我的记忆，我好像没有看过雁北艺校的教学剧目演出，因此我不知道学生时期的张彩平。我第一次听到张彩平的名字，是郭士星同志告诉我的。他说全省中青年演员评比演出，雁北来了个张彩平，《断桥》唱得非常动情，他和武承仁激动得流下了眼泪，北路梆子后继有人了。她是荣获最佳青年演员奖的24人之一。从此我就记住了这个名字，总想看看她演戏。终于在1986年全省戏曲青年团调演时看到她演《三叩门》（《莲花庵》）。她唱得比较柔和，没有多少花腔，那时她正怀着四个月的身孕，不敢有过多潇洒的身段。她演的是人物，是受屈后遁入空门心灰意冷的刘秀英。她很自然地获得了金牌。与她同时获得金牌的是演《延安关》的李中秋。同晋剧、蒲剧相比，北路梆子青年演员少得很，因此很容易记住她们。

四、老戏精演积淀厚。"文化大革命"中剧团散班，人才星散。20世纪70年代初，王大任、卢梦、邓焰、贾克、张焕等老领导看到戏剧人才出现了断层，就大胆地恢复了省戏校和几所分校，并且办起了一些文艺班，开始招生。但那时基本上都是学样板戏，没有行当，我是李铁梅，你是李奶奶，他是李玉和。五年毕业，"文化大革命"结束，传统戏恢复，学生却没有学到东西，于是学籍延长两年，集中学传统戏，唱念做打、手眼身法步从头来，如饥似渴、以戏带功塑人才。张彩平不仅演了《断桥》，还演了《教子》《血手印》《王宝钏》《银屏公主》等，造就了一个端庄、稳重、大方、靓丽的北路梆子大青衣兼闺门旦。张彩平的成长道路启示我们：要造就唱念做打基本功扎实的新秀，还是要用经典的传统折子戏打底子，要下一番笨功夫。张彩平在进入剧团，以演出为业以后，仍然不断地排练、整理、改编传统戏，如《走雪山》《打金枝》《明公断》《卖苗郎》《窦娥冤》《麟骨床》《苏三起解》等，更为她以后创演新戏打下了坚实的基础。

五、新戏酣唱立潮头。张彩平的演出剧目，是五类，即教学剧目、自编现代戏、自编古代戏、改编的传统戏、移植的剧目。张彩平是一位追求创作、创新、喜欢演新戏的演员，既演现代戏，又演新编古代戏。演新戏的要义是塑新人，创新腔。北路梆子的蔡文姬之所以称作新形象，是因为剧作不仅描绘了儿女情长，而且重在颂扬家国情怀、历史大任。蔡文姬的唱腔堪称婉转跌宕、酣畅淋漓，远不是白娘子了。冯太后的新在于她坚定不移、排除万难改制、汲取中原文化和佛教文化，她是一个不是女皇的女皇。因此她的唱腔从妩媚、清丽、爽快、伤痛，发展为坚毅、刚健、豪强，从小旦、青衣，到老旦，时而行腔，时而念白，而念白又采用了普通话，吐字有力，激昂慷慨，具有强烈的震撼力与穿透力，这是冯太后的需要，也是张彩平的发挥和创造。

六、不耻移植他山玉。张彩平的演出剧目不少是从外剧种移植来的，如《窦娥冤》《三夫人》《麟骨床》《苏三起解》《廉吏于成龙》。这是剧团的一条成功的剧目建设之路。20世纪50年代，每出一部好戏，全国剧团争相移植，其社会效益何其大。现在这种局面很少能看到了。大家都在拼命地排演自己的创作剧目，都在追求原创，却很少考虑老百姓的渴求和剧团生存的需要。政府也很少奖励优秀的移植剧目。原创团体也为了保护自己的专利，就怕别人抢了自己的饭碗。但张彩平任职的大同北路梆子剧团却与众不同，他们不仅移植了不少外剧种传统剧目，也移植了上海京剧院新创剧目《廉吏于成龙》，而偏偏上海京剧院不小气，不但欢迎移植，而且由尚长荣亲自来辅导，恰恰大同市的领导不抱残守缺，把移植看作创作，大力支持，到全市各县巡演。真是：三家一心，黄土成金！

七、水到渠成梅花红。经过多年的传统戏与新戏的积淀，张彩平也要争取梅花奖了。但是她生性有点胆怯，不敢直截了当提出来。她和魏润平到北京找我，说想来争取梅花奖。我说早就该来，但是一个团同时来两个不行。魏润平说，他是团长，他不争，只推彩平一个。我说赶快准备吧。我于是给山西省剧协打了招呼，他们就偷偷摸摸准备起来。大同家不会办事，整个准备过程我不大知道，他们也不懂得早点给定剧场，早点给评委打招呼。快到北京演出了，剧场都定出去了，没办法，只好通过艺术局演出处的马仲鸿，给联系了中国儿童艺术剧院的剧场。而在演出时，我却到武汉参加余笑予的学术研讨会，然后又到山东济宁参加曹禺戏剧奖颁奖活动。梅花奖评委则有一半先参加兰州举行的戏曲现代戏研究会年会，后到武汉、济宁，看了演出的仅有一半。我感到问题严重，建议他们在大同补演一次，我私底下陪几位评委去看。因为梅花奖评委只看一次，也只能私底下请没有看过的。我又叫了几位山西籍的戏剧家，请他们宣扬北路梆子，评论《血手印》《琴笳赋》，推荐张彩平。这样，评委超过半数了，但还不保险。我又让张彩平去北京送了一次光碟。在吃饭的时候，我致"饭词""雁门关外的一支子弟兵"，感动了郭汉城、刘厚生、赵寻等老前辈。饭罢，张彩平准备的50元车马费，都不要。这些都是戏外花絮，而真正打动评委们的，还是张彩平的演唱动情、表演娴熟，于是水到渠成地荣获了第二十届梅花奖，而且排名还不靠后。从此，张彩平每每代表北路梆子参加演出演唱，回回掌声如浪，经久不息。

八、低调做人守本分。张彩平出名了，但是她还没有一些出名的甚至尚未出名的演员那种派头，她依然低调、本分。下乡依然该演什么戏就演什么戏，任务演出从来没有推辞过，到省城演出办事，总是演完办完连夜回大同。她更没有为自己向领导要车要房要特殊待遇。所不同的是，她当了政协委员、人大代表，敢于提议案，发言、接受记者采访也敢说话了。千言万语，都是一个戏曲，都是一个北路梆子。最可敬的是，她与同伴相处没有高人一等的架势，她的团是一个小小的和谐社会。

九、勉为其难扛大旗。一个低调本分的人，偏偏被领导提名当了剧团团长、北路梆子剧种传习中心主任，太勉为其难了。不过她可不是被捉大头捉下的，是领导看中了她艺术服人，本身就是一面旗帜，低调做人，具有真情聚人的优势。果然，张彩平上任没有放火，而是把大家一个个聚拢回来。先排戏，下乡走台口演出，给大家挣一点生活补贴。然后才着手改革，而改革紧紧和剧目生产结合起来，不单纯解决"人往哪里去"，却努力聚合中年骨干、培养青年人才。这样，剧目生产才能提得起来。这一段，大同北路梆子创作排出了《平城赋》，至于转企、走市场，凡是带过剧团的人都懂得，戏要有偿演出，本就是事业单位企业经营。只不过地处中国中部地区的市场，不同于沿海地区和大都市窗口，而是包场的形式，但这个市场是广阔的,财源是不绝的,观众是最好的,经营者和领导者只要懂得这是中国中部的特色,就要有耐心和魄力承认、保护、培育、提升这个市场,戏曲就有顽强的生命力,在这里也是可以大有作为的。

十、精心树人意高远。张彩平的改革,不仅有"改"字、"减"字、"转"字,还有一个"加"字,招募、培养青年演员,就是"加"字的改革。在她的团里,有一些青年演员来自忻州、晋中,有的原本是唱中路梆子的。要团弄在一起,团弄成北路梆子,就得培训。经过她的努力和国家艺术基金资助,办起了"北路梆子《王宝钏》青年人才培训班",学员来自大同、朔州、忻州、太原,讲课的老师都是北京、省内的知名人物。而声腔老师则是请的"贾派"第二代传人、贾桂林的女儿吴天凤,排戏的是忻州的郭占高,鼓师是忻州的沈元元,琴师是忻州的孙宏旺。因为张彩平是为北路梆子培养人才,她就不仅仅局限在大同一地用人。经过严格的一个月教学、苦练,不但明显地提高了本团的青年演员,而且凝聚来的几位外地青年演员,也成了新的骨干。培训班的经验与实例,让我们知道:戏曲艺术的兴衰,人才聚散,起着至关重要的作用。为了戏曲的繁荣,一定要办好各个层次的艺术教育、培训,为此要不惜花费血本!

由于对张彩平的偏爱,竟然杂说了这么多,该打住了。

这岂能当序,做个附录吧。

2020 年 11 月 30 日

前　言

　　山西是闻名全国的戏曲大省，被中外专家学者公认为是"中国戏曲的摇篮"。山西戏曲历史悠久，剧种众多，人才辈出。尤其以四大梆子为引领的一代又一代出类拔萃的优秀人才，为山西戏曲的传承与发展做出了不懈的努力和贡献。

　　改革开放以来，山西的戏曲艺术发展在诸多方面取得了可喜的成就，不仅创作了一批传得开、留得下的优秀剧目，更为突出的是各剧种都涌现出一批优秀的表演艺术家。先后有49人次获得中国戏剧表演最高奖——中国戏剧梅花奖。这在全国当属罕见，有专家誉其为"山西现象"。

　　这些成长于20世纪80年代的艺术家，成为山西戏曲发展代际传承的重要力量，支撑起了山西戏曲近半个世纪的发展历程。这些艺术家在长期的舞台实践中，在继承传统的基础上，进行了大胆的融合与创新，实现了艺术上的创造性发展，有的已然形成了自己独树一帜的表演风格和流派特色，他们多年的舞台艺术实践经验和艺术成就亟须进行理论总结，将实践层面的表演艺术提升到理论高度。

　　山西省戏剧研究所自担使命，于2019年设立"山西四大梆子当代艺术家评传"项目，意在从晋剧、蒲剧、北路梆子、上党梆子中分别选择一至两名德艺双馨的、目前仍然活跃在戏曲舞台上的表演艺术家，对其艺术成长经历进行梳理总结，对其舞台艺术成就进行理论研究，通过对其表演艺术的总结与研究，以点带面，一方面探讨山西出现这么多优秀的表演艺术家背后的深层原因，研究山西的戏曲人才培养模式和经验，以兹对以后的人才培养有所借鉴；另一方面，也能够从不同角度反映山西戏曲改革开放以来的发展成就。并由此唤起社会各界对山西戏曲事业良性传承和健康发展的更多助力与共识，推动戏曲事业稳步向前。

山西省戏剧研究所

目　录

第一章　艺术生涯

1. 黎寨落彩 …………………………………………… 3
2. 开蒙学艺 …………………………………………… 8
3. 雏凤新声 …………………………………………… 18
4. 名师指导 …………………………………………… 21
5. 艺海拾贝 …………………………………………… 27
6. 声誉日隆 …………………………………………… 30
7. 幽幽兰韵 …………………………………………… 33
8. 青春偶像 …………………………………………… 36
9. 千磨百折 …………………………………………… 38
10. 矢志不渝 ………………………………………… 47
11. 又沐春风 ………………………………………… 53
12. 平城新赋 ………………………………………… 57

第二章　艺术评介

1. 恪尽职守 …………………………………………… 65
2. 忠孝难全 …………………………………………… 69
3. 金声玉振 …………………………………………… 77

4. 艺无定法 …………………………………………… 84

5. 凿壁偷光 …………………………………………… 95

6. 巾帼风采 …………………………………………… 102

第三章　剧目赏析

1. 断　桥 ……………………………………………… 109

2. 血手印 ……………………………………………… 114

3. 王宝钏 ……………………………………………… 119

4. 三叩门 ……………………………………………… 123

5. 卖苗郎 ……………………………………………… 127

6. 才女风尘 …………………………………………… 131

7. 玉堂春 ……………………………………………… 136

8. 绿叶情 ……………………………………………… 140

9. 琴笳赋 ……………………………………………… 145

10. 平城赋 …………………………………………… 154

第四章　社会评价

1. 天赋使然 …………………………………………… 163

2. 艺高一筹 …………………………………………… 165

3. 创新受益 …………………………………………… 169

4. 炉火纯青 …………………………………………… 175

第五章　艺术传承

1. 时不我待 ··· 185
2. 继往开来 ··· 189

附　录

1. 艺术生平（年谱）··· 203
2. 演出剧目（名录）··· 210
3. 经典唱段（唱词）··· 212
4. 参政议政（选编）··· 224
5. 社媒评价（题引）··· 231
6. 舞台映像（选登）··· 237

后　记 ··· 255

第一章 艺术生涯

1. 黎寨落彩

山西，因位居太行山之西而得名，简称晋，又称三晋。

山西是中华民族发祥地之一，有文字记载的历史达三千年之久，被誉为"华夏文明的摇篮"，有"中国古代文化博物馆"之称。

元杂剧"四大家"，有"三家"祖籍都在山西。

至今，山西在全国依然是戏曲剧种最多、梅花奖演员最多的省份。

怀德里仁　山西北部，出雁门关，沿桑干河北上，有一个因晋王李克用与辽太祖耶律阿保机会盟于云州东城，易袍马约为兄弟，取"怀想仁人"及《论语》"怀德里仁"之意而命名的县，它叫怀仁。

怀仁历史悠久。境内金沙滩一带，方圆百里，茅草不生，却是兵家常争之地。

民俗文化主要有怀仁旺火、耍孩儿、北路梆子、晋剧等。

怀仁交通便利，大路通天，是一个由农耕文化与游牧民族长期融合而后形成的经济与战略要塞。正可谓：

北国骄子多骁勇，

金沙滩上抖威风。

旌旗猎猎战鼓鸣，

胡汉融合缚鲲鹏。

怀仁就是这样一个人文荟萃、逐美大同、策马驰骋、放飞思绪的地方。

彩平降生　在怀仁洪涛山下，有一个海北头乡，海北头乡有一个黎寨村。村子中等规模，约400户人家，1500多农业人口。

史传,大约从清代开始,黎寨村就形成了颇具实力的油料加工行业。

新中国成立后,黎寨村是较早走上农业、副业"双轮"齐驱并进的自然村。

改革开放后,黎寨村十之八九的村民都做起了胡麻油生意,使其再次成为全县最大的食用油加工生产集散地。

经济上的相对富裕,带动了黎寨村的群众文化生活。

早在50年前,村里就有了文艺宣传队(业余剧团),并培养出了一批优秀的农村文化活动骨干,有一些还走入了县、市演出团体。

黎寨村有一对年轻夫妇张生元和闫梅兰。

张生元,16岁时,就是黎寨村的会计。20多岁,就被选为村党支部书记,前后共任职28年。张生元非常热爱文化生活,犹喜"大戏",会拉梆胡。几十年里,凭借一份热情,一直是全县闻名的文化积极分子。张生元带领村民发展农村经济的工作事迹和黎寨村的文化建设活动,登过报纸、上过电视。

闫梅兰,是一位贤淑、自强的农家女子。在治家、教子上,特别注意立身宽信,百纳向善,不允许儿女拾捡闲言碎语和无故指摘他人。平日里有亲朋好友来家造访,虽然不善言谈,但她却

父亲张生元(右)、母亲闫梅兰(左)
在北京参观奥运会会馆留影

会热情地端茶倒水,倾瓮而出,捏糕烩粉,乐善好施。遇到家里家外有重大事情发生,也会表现得十分冷静和有主见。

1961年10月,张彩平就出生在这样一个村史久远、农副兼为、文化

活跃、民风厚重的黎寨大队；出生在这样一个阳光青春、朴实勤劳、祥和温暖、乡邻嫉羡的幸福家庭。

生命如金　张生元与闫梅兰婚后育有一子，张彩平是二孩。

1961年，国家正处于"三年自然灾害"期间，加之村里"重男轻女"的封建思想还没有完全消除，张生元的母亲看到儿媳妇生下的是个女孩时，便与接生婆说，用水灌了吧！

闫梅兰明白老人是好心，俗话说"养女赔钱"，婆婆无非是想让家里的日子过得宽松一些。但她心里盘算，头生是男孩，这二孩是家里的第一个女孩，无论如何不能忍心"用水灌了"，十月怀胎，好赖也是一条生命，还没有让她睁眼好好看看自己的爹妈，看看黎寨，见见阳光，就"用水灌了"，真心舍不得。想到这些，她便阻止婆婆说，还是把孩子留下吧！只要家里有一口饭，哪怕我不吃，也能把她拉扯大。

就这样，张彩平嫩弱的生命，才被自己的母亲给保全了下来。

快乐童年　童年的张彩平，生活得很快乐。

父母把张彩平视若掌上明珠。好饭好菜先给张彩平吃，热汤热水先给张彩平喝，新衣服先给张彩平做，遇到亲戚朋友带来礼品，也一定是先紧着张彩平挑拣，可谓"捧在手里怕摔了，含在口里怕化了"。从小到大，家里遇到风吹雨淋的事、春播秋收的活，根本不会让她沾手。

哥哥张官平也很爱护张彩平。每天吃饭时，哥哥总会让母亲先给妹妹盛上；遇到新鲜蔬果下来，也总会先拿给妹妹享用；和妹妹在一起玩耍，遇到开心的游戏，不争不抢，自然是先紧着妹妹欢心。哥哥会吹笛子、会拉手风琴，就像张彩平的"护

张彩平少年照

身符"，两个人成天在自家的院子里、大门口，一起唱呀，跳呀，玩呀，笑呀，玩闹个没完没了。

也许是父亲的遗传基因起了作用，就在四五岁的时候，张彩平已经能够哼唱简单的歌曲；到了六七岁的时候，就可以唱下来十来首了。父亲逢人便说："将来我就要把我家女儿培养成一个戏曲演员。"

上小学后，学校举办文艺演出，张彩平总会被点名参加排练节目。干净的穿戴，喜人的容貌，俏丢丢的小身板，脆亮而稚嫩的童声，交融在一起，加上两条小辫在脑勺后摇来摆去，总能换来老师和同学们的热烈掌声。

农闲时节，黎寨村组织文艺排练，父亲身后也总少不了跟着自己的女儿。

村里要正式演出了，大家便会让她也来一段，她就放开嗓子大声唱起来。

当年，怀仁县晋剧团有一位青衣名家叫魏彩萍，算是剧团的骨干演员；还有一位青年演员，人们称呼她黑妞儿，长得好，唱得也好。每次县剧团到村里来演出，就会让张彩平羡慕不已，心想着咱啥时候也能像她们一样在台上装扮起来唱戏呢！

遇到村里放电影的时候，也是张彩平最开心的时刻。此时，她便会挤在人群里，看《红灯记》里李铁梅的演唱，对饰演李铁梅的刘长瑜喜欢得不得了。

飞向平城 多少年来，县文化局、县文化馆，在黎寨村都设有活动点，并驻有两名辅导员。当地区或县上发布重要文化信息，如剧团招人、戏校招生等，就会优先安排到黎寨村摸底和筛选。

1974年夏末，经过县文化局、县文化馆推荐，雁北戏校的张拓、张雄、宋晓奇三位老师相跟着便来到黎寨村小学校现场招生。

当时，张彩平只有13岁，所在的班正在上课，戏校老师进了教室后，先从左至右、从右至左，又从前至后、从后往前，一个一个挨着看有没有五官周正、艺术条件好的学生可以做演员。当他们瞅到张彩平的时候，便说，哎，小姑娘，你起来给唱一段。张彩平也不怯生，就站起来唱开了歌曲《敬爱的毛主席》。唱完了，老师又说，你会不会朗诵？张彩平就顺手拿起课桌上的课本,翻开第一页,用怀仁话朗诵说,"我们的教育方针应该是……"朗诵后,老师们一会儿让她背转身,一会儿让她伸出胳膊,一会儿让她抬起腿脚,把全身上下看了个仔仔细细。

没想到,雁北戏校的招生初试就这样过关了。

复试进行了两次。第一次在县文化馆进行,还算顺利。但是,因为感觉有一个眼睛可能达不到1.5的视力,让张彩平有过一阵担忧。

第二次在雁北戏校进行。她看到考场外等着那么多考生,考场内又有那么多老师,心里便不由得紧张了起来。

轮到她复试时,还没开口唱就紧张得哭了。

唱开了,还是时不时地会出现紧张。尤其是看到坐在考场正面的老师,表情凝重、神情严肃,这让她更加紧张了起来,不得不连着唱了两次《阿佤人民唱新歌》。后来才知道这位老师是负责主考的刘振宇校长。

记得第一次唱的时候,她控制不住地扑簌簌地往下掉眼泪,差点都没有唱下来。一个叫刘巧燕的老师走过来安抚她说:"孩子,别紧张啊,稳定一下情绪,接着唱。"第二次唱的时候,还是好紧张的样子,没想到刘振宇校长开口对她说:"闺女,你不要紧张嘛!你的嗓子还是挺好的……"这一下,给了张彩平天大的鼓励,第三次果然唱顺当了。而且有一个高音特别高,加上清脆的童声,纯净的音质,连贯的演唱,便把老师们给惊住了。

1974年年底,张彩平被正式通知考上了雁北戏校。

母亲闫梅兰看着录取通知书,高兴地对她说:"彩子,这下你可是脱了'农皮',成了'国家'的人了。"

1975年春,14岁的张彩平,由父亲张生元领着到雁北戏校报到,从此开启了她为之奋斗几十年的戏曲艺术之旅。

张彩平少年照

2. 开蒙学艺

从村里来到雁北戏校，张彩平身高 1.52 米，体重 32 公斤，属于标准身高和标准体重。当时的她，穿着一件对襟疙瘩扣粉红色花布棉袄，一条藏蓝色粗布棉裤，一双家做黑色灯芯绒千层底布鞋，用一根红头绳随意扎着小辫，和在城市里长大的同学明显不是一种装扮。尤其是从村里出来，一下子进入心里面的"大城市"，连话都不敢主动和人说。

看着有的同学扎小辫用的是多色皮筋裹绒辫套，她在心里面也偷偷地有过羡慕，但学校每天只上一节文化课，其余时间都用在了练功上。踢腿、下腰、前桥、后桥、劈叉、拿顶、圆场……一天下来，累得动都动不了，慢慢地也就顾不上去多想这些了。

有时候，因为练功高度集中和过于困乏，睡着后连做梦都是在练功。谁能知道，睡梦中胳膊一伸，腿脚一蹬，竟能在深更半夜，迷迷糊糊地从床上掉到地下。

春风化雨　雁北戏校是一个人才汇聚的地方。

张彩平入学后，负责青衣组教学和管理的有两个老师。一个是王玉山"水上漂"的学生韩秀珍，一身的表演才艺，妆容美貌，嗓音清亮，演唱起来，特别悦耳动听；另一个是贾桂仙"大青衣"的学生刘林凤，也是才艺双全，唱念做舞，都表现得非常优秀。

但是，刚入学的一段时间，张彩平面对繁重的练功课，当初怀着的新奇美好的梦想，忽然间竟会变得荡然无存。加上一练功，腿上就起"筋疙瘩"，疼得她直掉泪，她从心里开始有些惧怕了，甚至都有些想退学回家了。如拿大顶，每遇集体练习时，便是她最发愁的时候。

她记不清楚是谁说过，唱青衣的不能"霸王硬上弓"，超常练功，会坏了嗓子。对这个说法，她也一直在心里犯嘀咕。于是，她看着同学们都拿大顶上去了，不上也不行。可上去了，她又坚持不了一分钟，就想着要下来。下是下来了，老师却拿着一根藤杆，不言不语地站到了她的跟前。虽然老师不说啥，也不会打，但实际在通过表情和眼神告诉她，你不要偷懒，还得继续拿上去。

一个14岁的孩子，她没办法了，就又憋住气，忍住劲拿上去，但还是感觉到有些坚持不住，好像马上就要掉下来。怎么办，照直下来，怕老师对着同学们批评自己，那就干脆横着下。这样倒好，一下子便把正在拿大顶的其他同学都给打了下来，逗得老师也忍不住地笑了。

有一次，张彩平不想练功，就让同学安改英替她报告老师说自己肚子疼，一个人留在了宿舍里。当她看到同学们都跑去练功了，宿舍空荡荡的，又马上觉得自己一个人好孤单。心里一着急，便从床上跳到地下，一溜烟地跑到了练功房，轻手轻脚地推开门，慢慢地走进去，静静地站到了练功的队伍里。

带课老师看到她突然又来了，很奇怪，因为刚从安改英口中知道她在肚子疼，不能来上课了。于是，便急切地问她："彩平，怎么样？你的肚子还疼吗？"张彩平见老师问话，便有些慌乱地赶紧回应说："不，不，不，不疼了。"

带课老师没有怀疑她，也没有批评她，反而关心地对她说："女孩子要是真的肚子疼，就赶紧回宿舍休息，不敢硬撑着，等身体舒服了，再来练功不迟。"

这件事发生后，对张彩平触动很大，她暗自下决心，一定要和大家一样，跟着老师好好练功，再也不能说谎话了。

小院花红 在雁北戏校学了一年多以后，张彩平已经有了几分学戏后的自信。

放假回家，她便会跟着大人们，参加到黎寨村农闲时节的闹红火队伍中去。跑圆场、翻跟头、踢腿、下腰,做前桥、后桥、大小蹦子等,直把黎寨村的大人小孩高兴得都一直在夸奖她。

这样一来,只要张彩平放寒暑假回来,她家的院子,就成了乡民们前来热闹的临时舞台。一到晚上,大家吃罢饭,便会聚集到院子里,听她唱北路梆子,看她跳舞和做各种戏曲动作。一曲"都有一颗红亮的心"唱罢,书记家出了一个"小铁梅"的夸赞,消息便不胫而走,传到了十里八乡。

看到这样的情景,父亲张生元心里也总是暗自高兴着,并经常会拉着她的小手,到村里的供销社给她买零食和糖块。那年月,集体经济办得再好,大家的收入也都有限。多数时候,村里人都是预支年收入维持日常开销。父亲能领着女儿去供销社支钱买零食和糖块,这就是天大的偏爱了。

少而好学 上学时期,张彩平不爱说话,但却很注意关注山西戏曲名人的演艺情况。

她一听"水上漂""小电灯"这样的艺名就心动,她觉着咋就会有这样富有神奇寓意的艺名呢。

"小电灯"贾桂林(右一)指导并观看学生演出后
与张彩平(左一)等同学握手致贺

通过有线广播收听电台戏曲专题节目播送各类名家的演出和演唱，成了她的主要业余生活。各类名家在各自剧种与声腔上创造的不同艺术特点，也经常让张彩平夜不能寐，听得如痴如醉。于是，她便不断地在课余时间仿学和仿唱各类名家的演唱，近乎到了疯魔的状态。

学艺贵在坚持。只有十几岁的她，就这样不厌其烦地通过收听有线广播，反复揣摩，反复练习，竟能完整唱下来晋剧《龙江颂》《红嫂》和北路梆子《海港》中的主要唱段。她记住了贾桂林、牛桂英、王爱爱、杜玉梅……她渴望能看到这些艺术家的现场演出。

有时候，甚至会隐隐约约地梦到自己见到了这些艺术家。

积基树本 张彩平这一批学生原定学制五年。前两年主要是练功打基础；后三年主要是排演剧目，检验教学和育人成果。其间，张彩平先后参加排演了《红灯记》《蝶恋花》《野马》《审椅子》等现代戏。

《红灯记》是 20 世纪 60 年代出现的京剧样板戏，1970 年被拍摄成京剧电影艺术片并向全国发行，曾经风靡全国、流传甚广。

《红灯记》化妆照 / 张彩平饰演李奶奶（右二）/ 学生时期

张彩平一入学，嗓子就表现得比较宽、比较厚，脸型也圆圆的，所以学校移植排练《红灯记》时，她便被安排饰演剧中的李奶奶。一个十几岁的女孩，要减去童音，隐去稚嫩，在舞台上塑造一位老旦行当的白发妇人，让她不得不认真琢磨了好长时间。好在一个是有老师手把手地指点，一个是有京剧电影艺术片做参考，等到学校汇报演出时，她在《痛说革命家史》选场中饰演李奶奶演唱的《十七年风雨狂》《血债还要血来偿》等唱段，竟然得到了老师们的一致好评。

《蝶恋花》剧照／张彩平饰演杨开慧／学生时期

《蝶恋花》是 1977 年出现的京剧新创剧目，受到许多院团的关注，并广为传唱。

学校组织移植排练时，给张彩平安排的是饰演二组（B 角）杨开慧，这个角色基本可以归在她的青衣本行，她很高兴。老师领着大家排练，她和其他同学不一样，似乎不大懂得去想分在哪一个小组，也好像没有专门去想过是剧中的 A 角、B 角，还是 C 角，只顾着一门心思地想着怎么就能把这个角色熟悉了，把在剧中的唱段学会了、唱好了。排练、合乐，再排练、再合乐，眼看着到了正式汇报演出时间，因为一组（A 角）同学的嗓子出了问题，她便接到通知，让她在汇报演出中以一组（A 角）登台。

张彩平非常珍惜这样的机会，尽管演出的是"牢房"片段，但她用心注入了人物情感，唱出了细腻和委婉，在北路梆子声腔韵味的处理上也表现出了独到之处。演完之后，学校老师下来聚在一起议论说，别看张彩平平时寡言少语，蔫蔫的，可就是在演唱上开窍着呢。

《野马》是评剧原创剧目。20 世纪 80 年代，南方的沪剧也有移植演出。

学校为学生移植排演时，也是分了 A、B、C 三个组，张彩平被分到了一组（A 角），和同学们在剧中主要学演女主人公林琳。彩排合乐时，张彩平演过片段，没有登台演过全剧。但是，只要有一个新剧目创排，她就会全身心地投入进去，尽可能地在表演和演唱上达到老师设定的标准。即使同学以一组（A 角）汇报演出，她也不会嫉妒，相反会在晚上钻进被子里，一个人静静地回放舞台上的表演境况，对照自己的理解和体会，寻找学习中的不足，把同学刻画人物的一些表演细节牢牢地记在自己的心底。

《审椅子》是上海京剧院的原创剧目，1976 年被拍摄成京剧电影艺术片并向全国发行，也是当时各剧种争相移植的一部热门剧目。

学校为学生移植排演时，同样分了A、B、C三个组，张彩平被分到了三组（C角），和同学们在剧中主要学演女主人公丁秀芹。她和以往排戏一样，根本不去研究分在哪个组，也不过问是A角、B角，还是C角。她觉着老师们分组有分组的道理，自己该咋学就咋学。在她看来，学校排戏，尽管有分组，但都是面对所有学生，既没有捂住谁的耳朵，也没有挡住谁的视线，只要好好下苦功去学就是了。

艺术的东西，从来就没有"白学"这一说，往往功夫下得越深，经验积累越多，效果就会越好。这几部现代戏的排练和演出，都使张彩平的艺术表演水平有了进步和提高。同时，也培养了张彩平的学习心态，锻炼了张彩平的做人处事方式，为张彩平毕业以后参加各级各类演出赛事，打下了一定的思想基础和艺术功底。

延长学制　传统戏解禁后，学校为了增加学生的传统戏表演技巧，扎实演出传统戏的各项基本功，又把张彩平这批学生的学制延长了两年。

在这两年时间里，张彩平先后参加排演了《三娘教子》《算粮》《银屏公主》《见皇姑》《走雪山》《断桥》等传统戏。对一些必须学会的传统戏表演常识和戏曲表演程式，也学习掌握得有了一定基础。

那时候，张彩平对传统戏的艺术表达和舞台呈现，还有些懵懵懂懂，对传统戏中的古代故事人物理解得也并不深入，尤其是对怎么塑造古代人物形象，怎么烘托现场演出气氛，还处于艺术发端阶段。但是，她有一样好处，就是能放下是不是一组、是不是A角、能不能登台演出的思想包袱，不停地反复观摩老师和同学们的排练与演出，认真地默记老师排练时的辅导内容，特别重视坚持练嗓子，不管刮风下雨，还是天寒地冻，反正是横下一条心，学不成样子，唱不成样子，心里就不服输。

学校有一个小礼堂，规定每天晚上九点熄灯。即使熄灯了，她还要一个人在里面继续练唱。唱着、唱着，突然听到有什么响声，也不知道是礼堂里，还是礼堂外，会顿时觉着很害怕。但是，就是这样她也不走，而是把嗓音故意放大，一边压惊，一边继续练唱，直到觉着累得不行了，实在是唱不动了,这才回宿舍去睡觉。

《三娘教子》是本戏《双官部》的折子戏。其中,不仅有好几段都是几十句的唱词唱段,需要背熟唱会,而且还有几十句的念白,需要打调上韵。面对这样的剧目,张彩平只能是一边努力去"正音",不断纠正怀仁家乡话,一边按照老师的辅导,揣摩人物性格,刻苦练习唱段和念白。

张彩平(左)在《算粮》中饰演王宝钏/贾翠萍饰演王银钏/学生时期

《算粮》是本戏《王宝钏》的折子戏。也是有好多段戏曲板式很全的大段成套唱腔,喜怒哀乐,人物情绪,极尽多种变化。仅练习出场、下场和演进过程中肩部、腰部和腿上的功夫,观察、探寻、尝试其间的各种做舞技巧,就让张彩平用了很长一段时间。

《银屏公主》是本戏《金水桥》的折子戏。快板、慢板交替出现,其中的滚白板式,要唱好很不容易。在"哭殿"部分,几十分钟的反复哀告,没有一条好嗓子,根本拿不下来。好在"唱"是张彩平的强项,她庆幸自己有一条好嗓子。

《见皇姑》是本戏《秦香莲》的折子戏。排练时,既要学习秦香莲的演唱,也要学习国太、皇姑的表演。做学生就是这样,尽管工青衣,但也兼学小旦,遇到老旦角色,也得用心学习。其实,排练《见皇姑》,从唱到做等"四功五法",从青衣到小旦、老旦等三个行当,老师带着她都过了手,对她参加工作后登台演出有很大益处。

《走雪山》是本戏《南天门》的折子戏。以青衣、老生"双唱功"为主,有时候是独唱,有时候是对唱,有时候是轮唱,一板一板的大段"乱弹",会让同学们没有学就发愁上了。而张彩平恰恰嗓子比较富裕,加上肯在练声上下苦功,时间不长,她就基本上把其中的主要唱段都攻下来了。

《断桥》是本戏《白蛇传》的折子戏。排练时,是按照传统演出版本拉的路子,音乐、唱腔与表演方法,都没有做更多的改变。张彩平通过这个戏,明白了苦戏不能大张大合,需要含着唱的艺术要求。也明白了演唱重在塑造人物、表演人物,不能刻意耍腔、讨彩,否则,就会破坏舞台意境,失去了戏曲人物的艺术美感。

对张彩平这一代人,传统戏的表演学习难点,主要在于没有熏陶过历史变革的切身体验,许多戏曲程式动作的规范要求,基本上是从零开始的。为此,张彩平没有少下功夫,几乎走着、站着、吃饭、睡觉,都会随时随地临摹老师指导的各种艺术范式。也正是如此"成魔",才有了日后光耀舞台的艺术成就,这自然是后话了。

《白蛇传》剧照 / 张彩平饰演白素贞(右一)/ 杜玉涛饰演许仙 / 学生时期

不争不抢　艺术需要天赋、需要悟性,更需要有耐压力,并完全扑灭各种各样的嫉妒心。实践证明,不争不抢,不给不要,不吵不闹,只要刻苦,往往会自有福报。

当年在一起学戏,现在已经改行的几位同学回忆说,学校每次排练剧目,张彩平不争不抢,好像啥也无所谓,而她的嗓音条件,确实要比其他几人都好。还有就是张彩平平时喜欢安静,又不太爱玩,说话也少,但化妆起来,就好像是人家的角色一样。

在学校七年时间,张彩平始终没有间断过天天喊嗓子,老师让怎么喊,她就怎么喊,老师让喊多长时间,她就喊多长时间,甚至会超出老师规定的时间。放假了,她也会在家里一天不落地按在校的作息时间起居,每天清晨早早出去喊嗓子。

雁北戏校同学集体合影／张彩平（前排右一）

往村西头走，过了河湾，就是黎寨村小学校。此时，村里的村民们都还没有起床，张彩平就在离小学校不远的河滩边上，开始了喊嗓子。夏天，放暑假是这样；冬天，放寒假也是这样。冬天的塞外，寒风凌厉，站在干涸的河滩边上，风扑在脸上，如刀割一样的疼，多数时候的气温都在零下十几度，就这样，也没有能改变她天天出去喊嗓子的练唱节奏。所以，直到她年过半百后的今天，让她连续唱上几个小时，也不会出现嗓子疲了、哑了的情况。

1982年，杨得志等中央领导到大同视察工作，地方党委和政府要

杨得志与北路梆子演员亲切交流／张桂荣（中）、张彩平（右一）

安排一次专场演出，老师们便想起了在学校崭露头角的张彩平。当时，学校放假，张彩平正在老家黎寨村休息，怎么也想不到学校会派一辆212吉普车到村里来接她回学校参加演出。那年月，村里许多人不要说坐过212吉普车，像上了岁数的村民们，有的都没有见过212吉普车是啥样子，结果是被书记家女儿"小彩"坐着回学校去了。

3. 雏凤新声

大同市北路梆子剧团成立于1953年，中途几经变化，于1980年更名为雁北地区北路梆子剧团。

1982年，以张彩平、李仲秋、高翠萍、安改英、庞美丽、冯天兰、李刚、武卫、王厚、马忠、年权等一批北路梆子专业优秀毕业生为主，组建了一个校办的雁北地区北路梆子青年实验团。

不久，青年实验团划归雁北地区北路梆子剧团领导，实际是雁北地区北路梆子剧团旗下的又一个演出团，也被业内称作"小团"。

适逢其会　雁北地区北路梆子青年实验团建团时间不长，也就是1982年11月，适逢省里举办山西省1982年优秀中青年演员评比演出，两个演出团便推荐了六个剧目和六个演员参加评比演出。其中，张彩平被推荐主演《白蛇传》折子戏《断桥》，并一举获得"最佳青年演员奖"。

推荐过程中，《断桥》和张彩平并不是主要剧目和主要人选。当时，剧团定的是保前五个剧目，即《扈家庄》《芦花河》《打神告庙》《杀四门》《访白袍》。《断桥》作为替补剧目安排，有时间就上，如果时间不够用，就不上了。后来，团长去地区汇报工作，让有关领导和专家听了六个剧目的唱段录音，觉着张彩平的《断桥》唱得这么好，不上有点可惜，应该上。随后，这才把《断桥》参加评比演出的调子定了下来。

当时才20出头的张彩平，也不懂得获奖的重要性，心里想，让演就演好，到时候不要凉调、不要碰了梆子就满足了，等于在完成一件任务。至于其他，她憨得啥也不知道。

定下来之后，为了保证演出成功，《断桥》的改编、执导刘志强、刘林凤和作曲张国才下了很大功夫。比如，每到周日，张国才就把张彩平叫到家里，让妻子给张彩平做上饭，他亲自操琴，然后给张彩平不厌其烦地反复吊唱，有时候都是一个字一个字、一个音符一个音符地给予音准矫正。

张国才是一个事业心很强的戏曲音乐家、教育家，受到过"水上漂"王玉山演唱艺术的熏陶，他的想法是好不容易出了张彩平这么一个有嗓子的青年人才，一定要借势让"水上漂"王玉山的演唱艺术，通过张彩平的努力，重新活跃起来。并通过参加评比演出，能得到充分展示。吊唱前后就进行了好长时间，直到感觉到方方面面满意了，才算心里踏实了下来。

万事开头难，果然没有白下功夫，参加评比演出的当晚，即在剧场引起了轰动。戏剧理论家郭士星上台与演员见面时，握着张彩平的手激动地说："这下让我看到北路梆子的希望了。"

演出结束后，张彩平很快便在业内奠定了接班大同北路梆子旦角主演的艺术地位。

过去谈起来省内戏曲的发展状况，在业内流传有"12345，由南往北数"之说，意思是大同这边的戏曲艺术落后。但是，代表大同北路梆子的六个折子戏演出之后，立即变成了"12345，南北两头数"。

1982年演出《断桥》后留影 / 张彩平（中）、马启兰（左）、安政英（右）

美好瞬间 1982年参评演出，有许多感人的画面，还有很多难以忘怀的事情。

有同行回忆说，在演出过程中，当张彩平唱到一些花腔和弯调时，座池内总会爆发出一阵阵掌声。即使张彩平根据剧情和人物性格是在无伴奏

1982年张彩平参评演出《断桥》/晋剧表演艺术家花艳君与张彩平合影

轻声吟唱,也会收到热烈的剧场效果。尤其是演出结束时,当同行们看到观看演出的领导和专家上台接见演员所表现出来的高涨情绪时,大家立即就能感觉到张彩平的演出成功了。

演出前,还有省内其他剧种的好几位老艺术家到后台看望参评的青年演员。

这些老艺术家主要是爱惜后继艺术人才,十分关切青年演员会不会在演出前产生紧张的心理和背上思想包袱。尽管他们都知道参评演员是经过各地市认真筛选而推荐出来的好苗苗,但还是想尽到一份自己的义务。有的是反复叮嘱"不要紧张",言称"只有从思想上放松了,把能不能获奖扔到一边去,才能把艺术最好的一面展示出来";有的是反复指点和传授如何放松心情的一些经验做法,比如连续做出深呼吸,提前"变人"进入角色,还有转移注意力,等等。

其中,晋剧表演艺术家花艳君就专门在后台给张彩平指导化妆,告诉她怎么包头,怎么画眼,怎么掌握浓淡,才能让故事人物在舞台灯光下显得更加俊美。

看完演出后,花艳君还专门留下来,满心欢喜地说要与张彩平合影留念。她还用满口太原普通话和剧团领导说:"我就是喜欢这个娃娃,你们看,舞台上好看,舞台下也好看,你们好好培养吧,将来差不了。"

4. 名师指导

也许是上天眷顾，也许是个人条件就应该得到各方面的优待，张彩平的艺术起点显然与其他人的机遇有些不同。如在她即将由雁北戏校毕业和走上工作岗位的早期，就遇到了四次不同寻常的学习经历。

我们可以认为，张彩平是站在多剧种各路名家名剧的肩膀上成长起来的一代北路梆子艺术人才。她后来取得的艺术成就，与她早期就得到众多名家名教的悉心指导及理论学习是分不开的。

蒲州寻宗 第一次是在戏校学习期间，被集体派到运城地区蒲剧团，向蒲剧名家名剧学习。

起因是蒲剧在办一个学习班，雁北戏校校长刘振宇闻讯后，觉着应该让学生们出去见见世面，也好从小培养他们学会并懂得借鉴其他剧种的唱腔和表演，用以丰富本剧种以及自己的声腔与表演。

蒲剧（亦称蒲州梆子）由山陕梆子分化衍生而来，因为诞生较早，有"梆子戏根祖"的地位，历史上对催生和形成中路梆子、北路梆子、上党梆子、河北梆子等梆子戏剧种发挥过作用。

蒲剧剧目丰富，行当齐全，绝活奇妙，群星灿烂，是祖国戏曲百花园中不可小觑的古老戏曲生命所在，代表着梆子戏剧种较为系统的制式和范式。恢复传统戏演出之后，在很多方面保持着旺盛的创作活力。

让优秀学生寻根问宗，较早接触蒲剧，对他们以后的成长不无好处。

到运城学戏的同学，分青衣、小旦和武生三个小组。

青衣组由李爱玲传授《三娘教子》。

李爱玲是蒲剧乾旦冯安荣"筱艳秋"艺术流派传人，师承冯派第二代传人朱秀英。朱秀英的师傅是冯安荣嫡传弟子宋荣庭,宋荣庭是将冯派乾旦唱法过渡为女性唱法承前启后的杰出代表。李爱玲由运城戏校毕业留校当年,即由组织上出面安排,专门向朱秀英学习了冯派代表剧目《三娘教子》,可谓得到了冯派真传。

蒲剧的声腔与念白非常讲究,旦角在演唱或念白过程中,文武场往往会撤到一面或表现得相对轻柔,而等来音乐过门时,则又会或加快速度或加大力度。这种伴奏方式,对衬托和张扬演唱者的演唱个性,是一个值得学习的方面。

这次学习,使张彩平日后研修北路梆子旦角声腔与念白规制,尤其是与乐师及其鼓板琴弦的合作上,受到了潜移默化的影响。

学习期间,张彩平还在小旦组观看了蒲剧名家王秀兰给学员辅导《少华山》《表花》等经典剧目,同样受益匪浅。

京都取法 第二次也是在戏校学习期间,被学校集体派到北京京剧院和北京市河北梆子剧团,向京剧和河北梆子名家名剧学习。这一学习行动,也是刘振宇校长有眼光、会培养人才、把办学资金用在刀刃上体现出的一项超前而大胆的决策。

当时一起去北京学习的有赵翠英、张淑珍、康培龙、李刚、张继云等。其中,张彩平、赵翠英两人主要是学习河北梆子《窦娥冤》。张彩平学演剧中的窦娥,赵翠英学演剧

河北梆子/"京梆子"表演艺术家刘玉玲(右一)在家中辅导张彩平

第一章 艺术生涯

张彩平（右一）与北路梆子名家赵翠英（右二）等在北京学习期间和京剧/河北梆子名家在一起

中的蔡婆。

负责传授《窦娥冤》的刘玉玲，是北京河北梆子（俗称"京梆子"）代表人物，戏、歌两栖人才。在整个辅导过程中，刘玉玲很热情，很用心，没有任何"名人"架子。学习期间，多数时候，基本上都是在她家里完成的。有一天，刘玉玲正在教戏，因为太过投入，厨房里突然传出来了煮饭的煳底味，这才让她想起来灶台火上还焖着大米饭呢！

去北京的时候，学校主要安排是让学生快速拿下其中的《行路》《法场》等折子戏。学回来以后，在剧团领导安排下，后来把全本北路梆子《窦娥冤》排了下来，并以《斩窦娥》为折子戏，常演不衰，打造出了北路梆子自己的一出优秀移植保留剧目。

晋中磨艺 第三次是张彩平已经参加工作，被集体派到晋中地区中路梆子剧团，向晋剧名家名剧学习。这一行，也是去了好几个人。其中，就有雁北戏校教师刘林凤和剧团的青年小生演员冯莉等。

学习内容主要是由王万梅传授《三娘教子》。

《三娘教子》是晋剧青衣程（程玉英）派的代表剧目。如果青衣行当的演员能很好地把剧中人王春娥这个人物拿下来，就可以基本上掌握了青衣行当的一般演唱技法与表演要素。

刘林凤（前右一）、张彩平（后右一）、冯莉（后左一）在晋中学习期间与晋剧名家王万梅（前中）合影

王万梅是程玉英的亲传弟子，正处于艺术"黄金"时期。当时，正好随团晋京汇报演出回来时间不长，加上演戏认真，教起戏来又很热情，这便让前去学习的张彩平缩小了剧种之间和师生之间的陌生感。上下场做不好，就踩着锣鼓点反复做；情绪拿捏不准，就在王万梅的启发下反复临摹；唱腔也是一个字一个字地认真学、认真记。通过渐进领会其中的唱做要领，终于在学习结业时，张彩平的演唱，基本上做到了有起有伏、声情并茂。

张彩平（前排右一）晋中学习期间与王万梅（中排左三）等合影

顶层问学 第四次是张彩平作为雁北地区唯一派出的青年演员，有幸参加了国家文化部艺术司和中国戏剧家协会于1983年联合举办的第四届全国戏曲演员讲习会。

讲习会自7月1日至8月12日在北京西苑饭店举办。

有来自全国各省（市、自治区）的20多个剧种、80多个剧团、145名学员参加。对张彩平来说，学员中不乏如雷贯耳的名家大腕和后起之秀。仅省内学员就有蒲剧王秀兰、任跟心、郭泽民，晋剧王爱爱、田桂兰、王万梅、郭彩萍、高翠英等。

讲习会期间，袁玉堃、陈全波、陈书舫等艺术家为学员示范演出了川剧《书馆悲逢》《刺目劝学》《做文章》《花田写扇》；王秀兰为学员示范演出了蒲剧《烤火下山》《杀狗劝妻》；张继青向学员交流演出了昆曲《痴梦》；田桂兰向学员交流演出了晋剧《打神告庙》；中国戏曲学院教授王诗英讲解了团扇、云帚、水袖功组合。

学习内容安排之丰富，令人目不暇接、很受鼓舞。

第四届全国戏曲演员讲习会是在开创社会主义新局面的形势下举办的，旨在发展和繁荣戏曲艺术，抓好优秀剧目创作的同时，提高中青年优秀演员的思想、业务水平与艺术修养，并加强艺德、艺风教育，推动融入正在全面实施的改革开放之中。贺敬之、朱穆之、周巍峙等到会讲话，张庚、郭汉城、刘厚生、阿甲、朱琳、俞振飞、张君秋、赵荣琛、阳友鹤等参加授课。组织者和授课人规格之高，参加学员之多，均创造了前三届讲习会的历史新高。

学习期间，正是夏日炎炎的季节，张彩平从天气相对凉爽的大同来到气温偏高的首都北京参加学习，一边用手帕擦汗，一边专注着老师们的授课要点，生怕遗漏任何一点课堂内容。她刻苦学习的样子，常常让山西一起去参加学习的王爱爱、王万梅等老师关爱和心疼。学习期间，两位艺术家还专门抽出时间和年轻的张彩平等学员去北京甘家口照相馆合影留念。

课余时间，张彩平也不放过学习机会，更多地听到了日常工作中根本听不到的很多励志箴言。有些是老师们生活上的质朴引导，有些是老师们艺术上的切身体会，对张彩平都是一次莫大而生动的艺术教育。

王爱爱是张彩平小时候通过收听村里支在树圪叉子上的大喇叭播放晋剧唱段知道的戏曲名家。突然间，就与自己在一个小组参加学习，是做梦都不曾想到的事情。当她学习结业回到怀仁老家的第一件事，就是激动地告诉父亲和母亲，这次学习，王爱爱老师也去了，还有京剧电影《红灯记》中的刘长瑜，我们也在一起学习了。她还高兴地把她与王爱爱、王万梅的合影拿给自己的家人看，说她心里面有一种说不出来的幸福感。

5. 艺海拾贝

张彩平凭借《断桥》一剧，参加全省评比演出并获"最佳青年演员奖"，回到团里之后，经过短暂休整，非常渴望能有新的艺术攻关与艺术实践。这个时候，正是大同北路梆子名家赵翠英、张桂荣的当红时期，一时半会儿还轮不到张彩平演出大戏（本戏）。

于是，她就默默地站在二道幕的幕条后，认真观摩两位老师演出时的举止、神态和表情，尤其是紧紧盯住两位老师怎么拿捏表演节奏，怎么在演唱上与文武场乐师合作，然后一字一板地全部吃到自己的肚子里。

日久天长，当张彩平被推上舞台中间的时候，自然也就不会怯场了。

出水清莲 《血手印》是北路梆子优秀传统剧目，与《金水桥》《王宝钏》被俗称为北路梆子"老三篇"，在北路梆子剧种中占有一定的艺术地位。

有一年，剧团在朔州榆林村下乡演出，赵翠英老师因为家里临时有事，不能演出《血手印》，但剧团的戏报已经贴出去了，下乡之前，也与村里签订了演出合同。没有办法的情况下，团长便想到了张彩平。他问："能不能救场演出《血手印》？"张彩平稍作思考，就应承了下来。周围同事知道后，替她捏着一把汗，都觉着一天也没有排过，就这样被推上舞台，能不能顺利拿下来，让她三思和慎重。但张彩平心里已经想好，应该没有太大问题，因为在学校时就非常喜欢其中的折子戏《行路》，虽然没有演过全本的《血手印》，但对剧中人王桂英的人物故事、性格及情绪，已经基本上掌握了。虽然她没有专门排过，但其实在看赵翠英老师演出时，早已经把全剧的唱词和戏文与表演路子烂熟于心了。

夜幕降临，头通、二通响过，演出即将开始，张彩平也已早早化好妆，并穿戴整齐，在后台的一个角落里静静地默戏。当剧务老师把她带到上场口时，她突然感到她的心跳加快。她知道这是登台前的应激反应，便暗自使劲往肚子里深吸了几口气，带着王桂英的欢快心情出场了。真还是没有想到，仅水袖一展一收，一搭一落，就获得了满场的掌声。在随后的演出中，又得到了几次掌声，让她感到非常激动和欣慰。

这一次意外登台演出的成功，一是被当地老百姓接受并迅速传开了；二是被团长和同事看了后给予了肯定；三是也检验了自己的学习效果。在接下来的日子里，张彩平便会被团里安排成主演，不断走到舞台中间，经常出演《血手印》里的王桂英。

苦尽甘来　随着《血手印》主演位置的到来，张彩平也幸运地接手了《王宝钏》的主演位置。这个戏，伴随了她几十年。

把时间推移到 2019 年 10 月 1—2 日，在省城太原市青年宫演艺中心，张彩平受邀参加第二届山西艺术节"晋韵华彩·山西省'梅花奖'演员精品集萃"专场晚会。王爱爱、王万梅、高翠英、田桂兰四位晋剧名家先后出场后，接下来就是张彩平出场彩唱北路梆子《王宝钏》中的经典唱段"旭日东升霞光照"。经改编新创，不足三分钟的演唱，就把王宝钏的人物情态，通过身段、水袖、表情、笑容等做了完美呈现。即使是音乐过门，张彩平也会抓住瞬间，呈现出满满的人物情绪，并与唱词所表达的故事内容衔接得浑然一体。

首先是王宝钏的出场，她就带着几分喜色，侧身、右单水挽花出场，辅之以微微的笑容；当其间唱到"昨日里武家坡前去把菜挑"时，左水上举，右水搭腕下行，同步斜屈体，便形成了王宝钏特有的流线型"挑菜"身段；演唱将要结束时，左右双水呈八字下垂，接着右水抬起，左水搭向右水，右水接着上行挽花，匀匀地转身移步，左水款款抽出，随之甩后……

整个表演，十分娴熟和讲究，就连王宝钏退场的一刹那，都会呈现得非常细腻和有范，即时便获得了全场掌声。

义结金兰　20世纪80年代，是戏曲艺术再次掀起春潮的激情岁月。北路梆子也和其他剧种一样，呈现出了台口一个接一个、全年演出歇不下来的繁忙景象。

这个时候，已经成长起来的张彩平，还排了一部移植剧目《三夫人》。叙述的是南宋爱国名将岳飞遇害后，举家遇难而终被搭救，岳夫人继承夫志，与梁红玉元帅、小梁王柴夫人一同走上抗金护国道路的故事。该剧场次分明，有文有武，文戏偏重，武戏配合，以悲剧开始，喜剧结尾，颇有艺术研究价值。

该剧由王怀亮改编、执导，张彩平在剧中饰演岳夫人，张桂荣饰演柴夫人，李仲秋饰演梁红玉等。

戏曲艺术以唱为主。尽管梁红玉是武旦角色，但也安排有几处要紧的唱段，至于给岳夫人、柴夫人设计的唱段就很多了。尤其是给岳夫人设计的唱段，句子多、用时长，情感变化丰富，这对张彩平来说，又是一次新的锻炼和提高。

遗憾的是，随着张桂荣淡出舞台，李仲秋调走，没有能够坚持着演下来。但是，当年大家在一起的合作，非常之愉快，令人怀念。如张桂荣是张彩平参加工作以后遇到的旦角名家，从张桂荣身上学到了很多艺术表现手法，只要下乡演出，张彩平又总和张桂荣住在一起，生活上也得到了张老师的很多照顾。虽然时过境迁，但依然是一段永驻心底的幸福回忆。

6. 声誉日隆

北路梆子有许多传统"苦情戏",如《血手印》《金水桥》《王宝钏》等,就是苦情戏。只是故事结局圆满,但整个演绎过程都是无奈和凄苦的。

随后,由张彩平主演的《三叩门》《卖苗郎》《窦娥冤》等改编或移植传统戏,其剧情和主人公就更为无奈和凄苦了。

正好张彩平有擅长演出"苦情戏"的艺术沉淀,便在这三部戏中,继续演出了北路梆子刘秀英、刘惠英和窦娥的人生悲情,使这三部戏已然成为北路梆子新的优秀传统剧目,直至今天,这三部戏还在舞台上传承演出。

坐观云起　北路梆子改编的传统戏《三叩门》,源自优秀传统剧目《莲花庵》(亦名《坐观》),主要截取了《莲花庵》全剧故事内容的后半部分。

北路梆子《三叩门》创排于1986年,这是一出由时任山西省文化厅厅长曲润海提出建议,所在剧团专门为张彩平量身定制的"苦情戏"剧目。一经上演,便引起轰动。

第一,张彩平在剧中塑造了一个不同于其他剧种的戏曲人物形象,尤其是不同于本剧种其他"苦情戏"的全新人物形象。

第二,张彩平在剧中的表演和演唱,让没机会看现场演出的观众,仅听录音剪辑或播放音频,就能受到

《三叩门》剧照 / 张彩平饰演刘秀英 / 演出录像截图

剧情感染与人物感染。

第三，张彩平在剧中对主人公刘秀英人生际遇的体悟，为日后演出其他"苦情戏"，打下了新的艺术基础。

1986年4月1日至12日，山西省文化厅为检阅山西省戏曲青年演员的实力，在省城太原主办了振兴山西戏曲青年团调演活动。经层层推荐，张彩平携《三叩门》参加调演，一举斩获"主演金牌奖"，并再次走进了山西四大梆子青年名家的行列。

孝妇卖苗 《卖苗郎》亦名《卖妙郎》《背公爹》《孝妇泪》《女中孝》等，也是多个剧种的优秀传统剧目。

张彩平演出的北路梆子《卖苗郎》，创排于1990年，全剧在故事铺排上与

张彩平在《卖苗郎》中饰演刘惠英／现场演出照

忻州北路梆子的演出版本不尽一样。《卖苗郎》没有参加过评比演出，但比起《三叩门》的社会影响力，要更为深远和广泛。

第一，张彩平在剧中饰演主人公刘惠英的服装与头饰，清爽可人，古朴典雅，完全借鉴了京剧、河北梆子对这一类角色服装与头饰的传统表现手法，黑白相间，不飘不花，呈现出了古代妇女在戏曲舞台上应有的严谨状态和人物范式。

第二，张彩平的声腔艺术较之前在其他剧目中的演唱，又有了新的显著变化。这种变化，不拘泥于北路梆子的历史局限，以十分流畅而又符合剧情人物性格的鲜明特点，促使剧中的核心唱段成了北路梆子新的流行唱段。

第三，张彩平在剧中的妆容与身段，堪与京剧艺术家饰演的这一类角色相媲美，时至今日，依然可以超凡脱俗，以致影响了后几十年的整个艺术创作和人物形象塑造，全剧的艺术价值及其意义超出了创排起始的艺术期许。

几十年来，张彩平始终没有停止演出这部戏，并且已经传承到青年演员身上。现在，张彩平的几个学生都能演出，也都在演出。同时，还培养出了一批能在剧中饰演其他角色的各行当同龄青年演员。

窦娥奇冤 20世纪80年代，北路梆子移植全本《窦娥冤》，并改编创排折子戏《斩窦娥》，也是始于张彩平。在山西四大梆子中，张彩平主演的北路梆子《窦娥冤》也是较早出现的一个演出版本。

其实，创排这部戏的时候，张彩平从戏校毕业仅有四五年时间，舞台经验正处于积累上升时期。当时，在老师们的启发下，她一边认真读剧本，一边半生半熟地去看关汉卿的《感天动地窦娥冤》原作，觉着"感天动地"这四个字的分量特别重。为了能让窦娥在北路梆子舞台上演出来人物气场与艺术效果，她便竭力回忆与"京梆子"杰出代表刘玉玲在一起学习同名剧目时的人物感受与艺术要点。同时，反复去看同名蒲剧电影艺术片，从蒲剧表演艺术家王秀兰塑造的窦娥形象中找感觉。尤其是导演给北路梆子窦娥设计的一些戏曲程式动作，虽然不算很多，但硬是通过苦学苦练，最后做到了导演、音创、观众和本人"四满意"。

一度，北路梆子《窦娥冤》下乡演出很火爆。众人竞说《窦娥冤》，在北路梆子流行地区，几乎走到哪个台口，都会被点名演出。后来，多数时候以折子戏《斩窦娥》出现，在剧中饰演窦娥的张彩平，同样声名远扬。不管是本戏《窦娥冤》，还是折子戏《斩窦娥》，每有演出，舞台下总是人群集聚，站满场子。演出过程中，有些眼软的观众和戏迷，早已是跟着冤屈的窦娥，流下了伤心的眼泪。

7. 幽幽兰韵

在张彩平的艺术生涯中,有两部戏发挥了极其重要的助推作用。一部是反映李素萍人生传奇的《才女风尘》,另一部是反映苏三人生传奇的《玉堂春》。两部戏,都发生在明代,其故事原型均在历史上可考。

同时,《才女风尘》和《玉堂春》也是张彩平实践与展示闺门旦表演艺术重点打造出来的代表剧目。全本《才女风尘》和《玉堂春》的前半部分,闺门旦表演痕迹凸显,已然成为北路梆子发展中的一个新亮点。

具体去看,《才女风尘》让李素萍唱出了人物骨气,《玉堂春》让苏三唱出了性格隐忍。两个剧目均不拘泥于故事内容与戏曲表演的各种限定,从李素萍、苏三的艺术形象,到人物情态与外在气质,都被张彩平塑造得栩栩如生,各有各的感觉。

才女风尘　北路梆子《才女风尘》创排演出后,很快就得到了专家和观众的普遍认可。

据张彩平回忆,当年接排这个戏的时候,并没有为剧目赋予李素萍的大段唱腔而发愁。她主要发愁的是对才女落入风尘的心理活动,以及相应的情感表达不会体验。

由于这出戏的故事看点和拐点很多,张彩平只能是随着剧情的渐进铺陈,不断调适人物情绪和表演方法,不仅让李素萍的人物情绪得到了舞台张扬,而且把李素萍被迫落入风尘的才女形象也定格在了舞台之上。即李素萍必须有刚烈的一面,也得有柔情的一面。不刚烈,就不会坚守清白,与赃官智斗;不柔情,同样不会沦落风尘,并被出卖。

对此,在比较长的一段时间里,张彩平做了很深入的舞台探讨和艺术实践。

苏三起解 苏三,是家喻户晓的戏剧人物。北路梆子在张彩平之前,已经有很多年没有在舞台上露面了。鉴于此,剧团就有了以张彩平为主演,复排《玉堂春》的想法。

大同北路梆子复排剧目有一个好的习惯,基本上都要进行二次深度创作,并根据戏曲

张彩平在《玉堂春》"苏三起解"中饰演苏三

当下发展变化,结合演员的个人条件,综合舞台人物调度,重新进行剧本加工和唱词修改,不论是增是减,都会做到贴近故事内容,衬托出人物性格。

北路梆子《玉堂春》的演出版本,增加了语言表达的内容,删减了一部分唱段的唱词,悲喜界限分明,交流入情入理,单就戏文与唱词编排,也给人以雅致、朴素的感觉,这都为演员实现声情并茂的表演打下了剧本基础。

张彩平在剧中的扮相,一如在其他剧目中的扮相,不胖不瘦、清秀大气。就其身段表现,选择了小幅、少动的表演方式,具有很强的闺门旦行当特色。她认为,苏三不应有太大的动作幅度,即使是短暂卸掉刑枷,也不能动作幅度大了,这是故事内容与苏三的人物性格决定的,也是闺门旦行当所要求的。

张彩平就是这样坚持着自己的演出风格,通过青衣戏与闺门戏交替进行,让自己的艺术实践,始终踏着正向追求的步子,稳健前移着。

闺门探春 《才女风尘》没有参加过评比演出。

《玉堂春》也没有参加过评比演出。不过,参加过"走进洪洞"盛大

文旅活动。

两个剧目的创排，主要是作为剧团的保留传统剧目用于下乡演出。

《才女风尘》总以整本出现，演出主要集中在20世纪80年代和90年代。

《玉堂春》多以折子戏《苏三起解》出现，演出一直持续了几十年。直到现在，还会经常与观众见面，

张彩平（中）在"走进洪洞"演出时与老领导曲润海（左）、郭士星（右）合影

熟悉北路梆子的观众都很熟悉张彩平驾驭苏三和李培云驾驭崇公道的人物形象。

对张彩平颇具意义的是，《才女风尘》和《玉堂春》中的主人公李素萍与苏三是偏重闺门旦行当的角色。尽管其中有很多唱腔形同青衣，但张彩平还是注意到了尽可能使用闺门旦的表现方式，更能让剧中人接近她们的实际生活年龄，演出来她们的人物生活情态。

如《玉堂春》"起解"一折，当苏三听到解差崇公道愿意认自己作为他的干女儿之后，有一段夹板起唱的唱段，连唱腔给出的声音中，都会流溢出满满的笑声和欢快。

闺门探春，是张彩平艺术生涯中不可丢失的重要记忆，反映了一个艺术家为追求完美艺术形象，更为成功地塑造戏曲人物而不懈努力，并作为一个动态过程，时至今日，还在闪烁着这一艺术亮点。

8. 青春偶像

在传承、坚守和弘扬传统戏的岁月里，张彩平心里面有一个想法，就是舞台不能没有现代戏，无论从北路梆子的发展角度，还是从她个人的艺术成长角度，都需要创排一部全本现代戏。

当她有了这个想法的时候，恰恰剧团有了排演现代戏的工作安排。

起因是省里做出决定，将要举行一次全省范围内的现代戏调演。

新人新作 要排的现代戏，起初的剧名为《飘落大山的绿叶》。

从1991年6月17日山西省文化厅以〔1991〕第11号文件形式向各行署、各市文化局下发的《关于继续做好全省戏曲现代戏调演准备工作的通知》中可以看到，这个剧目是全省最早一家报出的参赛申请，等到合乐彩排，准备参赛演出时，才定名为《绿叶情》。

剧中人叶儿由张彩平饰演，属于无场次"青春偶像剧"。

该剧创排上演后，很快就得到了社会各界和广大观众的关注。

在山西省1992年戏曲现代戏调演中，张彩平凭借《绿叶情》，获得了她从艺以来的第二块"主角金牌奖"。

《绿叶情》不仅让张彩平得到了艺术锻炼，扩大了艺术知名度，还有效培养了一批青年

张彩平在现代戏《绿叶情》中饰演叶儿／演出录像截图

骨干演员。当年在剧中饰演配角的几位青年演员，都成了日后北路梆子舞台上不可多得的台柱子。

非同寻常　把戏曲编成"青春偶像剧"，现在看来似乎有些超前，但在《绿叶情》诞生的 20 世纪 90 年代，正好迎合了当时的社会形势与发展变化。当多元文化冲击戏曲艺术的时候，是静观其变，还是积极探索，这反映出戏曲人的基本认知态度和作为。尤其是当经济大潮向人们袭来的时候，承担着教化育人责任的戏曲人，应该如何发挥作用，是退缩不前，还是有所动作？回过头去检视，选择积极探索和有所动作才是正确的！

现在，《绿叶情》留下了高清录像资料。优酷播放的演出版本，个别地方虽有划片损坏，但依然可以看出来"青春偶像剧"的艺术风采。不管是剧中出现的老演员，还是年轻演员，不管是主演，还是配演，都有类似电影电视艺术的画面感、画质感和立体感，很值得一看。

《绿叶情》演完近 30 年了，也有近 30 年没有再演了。但是，它对北路梆子的影响是深远的。从编剧的政治站位，到演员的表演状态，以及它所产生的舞台美学价值与艺术价值，都有必要进行研究和总结。

9. 千磨百折

中国戏剧梅花奖，是中国戏剧表演艺术最高奖项。创办于 1983 年，开始每两年一评。到第十九届时，共评出 47 个剧种的获奖演员 454 人。其中，山西各剧种获奖演员 33 人。

大同北路梆子一直未获奖，这成为人们关注的一个焦点。2002 年，到了第二十届的时候，张彩平才获得晋京举办专场演出的机会。为此，她前后准备了近两年时间。

最终，凭借改编优秀传统戏《血手印》和新编历史剧《琴笳赋》两部本戏，如愿"夺梅"成功。这一年，张彩平已经 41 岁。从 1982 年获得省内"最佳青年演员奖"开始努力，前后整整等了 20 年时间。

说起来其中的缘由，都是满满的感慨。

天不逢时　1982 年，是张彩平艺术成就的起始点，分别获得地区和全省两个奖项。随后，于 1983 年夏，张彩平以雁北地区唯一选送的优秀青年演员，赴京参加第四届全国戏曲演员讲习会。次年，与她一起参加讲习会的两名蒲剧优秀青年演员，双双获得首届中国戏剧梅花奖。

其实，雁北地区北路梆子青年实验团为张彩平也做了相应的准备。

时任雁北地委书记白新华非常爱戏，更爱惜艺术人才。每年春节，他都会带领地委机关的同志到剧团慰问。老领导到剧团最爱说的一句话是，当我这个地委书记容易，当你们的团长可是不容易。感谢你们为人民群众提供精神食粮，希望你们安定团结，多出人才、多出作品。

为了稳定队伍，留住人才，做好传承，雁北地委和行署还为剧团在大同振华街购置了 20 套新楼房，每套 45 平方米，个人只出一万元，张彩平和丈夫丁大庆分享了这一福利。

在雁北地委领导的支持下，团里面为张彩平选定的"夺梅"剧目是两个折子戏《断桥》《教子》和一部大戏《白登之围》。

《断桥》和《教子》，对于张彩平来说没有太大难度。

《白登之围》是新编原创剧目。故事取材自（汉高祖七年公元前200年）汉高祖刘邦被匈奴围困于白登山（今山西省大同市东北马铺山）的历史事件，典籍《史记》对其有详尽记载。

当时选择这一历史事件来创排北路梆子的想法：一个是发生在本土的历史故事，易于在专家和观众中引发兴趣；另一个是反映早期民族融合共进的历史故事，符合社会发展变化趋势。

但是，排成以后，很快便夭折了。主要原因是雁北地委换了领导，赴京演出经费失去了来源；张彩平在剧中饰演角色的戏份不是很足，需要重新架构与调整。加之，她本人的温润性格，虽有强烈"夺梅"愿望，但却不吵不嚷，只能是眼巴巴地就这样看着《白登之围》搁浅。

忧心如惔 从有了"夺梅"的参赛念头，到后来正式参赛的20年时间里，张彩平的内心很煎熬，甚至很痛苦。她煎熬、她痛苦，不是煎熬和痛苦个人非要争来什么，她是觉着她应该到全国的戏曲平台展示一下大同北路梆子，汇报一下她跟着老师们苦心学习北路梆子声腔与表演的艺术成果。她觉着大同北路梆子不应该在梅花奖奖项上长时间空缺。

多少年，她反复叩问自己，是不是自己的表演艺术退步了。

人们不是都说，机会是留给有准备的人的嘛。

难道我没有努力，难道我没有准备，但为什么就不行呢？

有时候，因为这个问题在她内心得不到释然，经常会弄得吃不下饭，睡不好觉。

她看着20年里与她一起获得全省"最佳青年演员奖"的同龄演员和一起参加第四届全国戏曲演员讲习会的新老学员陆续都获得了"梅花奖"，偏偏自己没有机会参加评比演出，她连做梦都会被睡压住，甚至在睡梦中被急得哭醒来。

移宫换羽 1999年，经过各方面努力，张彩平终于开始了新一次冲刺梅花奖的排练准备工作。大同市委、市政府很给力，时任市委副书记、市长靳善忠主持研究，决定从市财政挤出80万元专项资金，作为剧目创排费用。

最初选择的是《梦蝶劈棺》，亦名《大劈棺》，取自"庄周梦蝶"的典故。经过加工改编，北路梆子《梦蝶劈棺》突出表现了剧中人田氏的悲情色彩，反映出田氏内心的极度痛苦和反抗精神，赋予了新的人生感悟与人性反思，促使剧情更加简略、紧凑。同时，也不失人物细腻的感觉，在表演上有很多可以开掘和发挥的内容。

张彩平按照唱腔设计，反复试唱、反复润腔、反复改进、反复提升，尤其是对田氏的人物情绪，用北路梆子特有的"弯调"进行了二度创作。

胡芝凤（右一）指导张彩平排演《梦蝶劈棺》

《梦蝶劈棺》剧照 / 张彩平在剧中饰演田氏

《梦蝶劈棺》演出照 / 张彩平饰演田氏 / 魏润平饰演庄周

对舞台表演，也在著名京剧表演、导演艺术家胡芝风的启发下，做了较以往舞台表演不一样的新尝试。例如，增加了田氏的诸多水袖表现，一个是把水袖增加到七尺之长；一个是形成了一系列过去没有表演过的水袖程式。让张彩平深切感受到了戏曲水袖对塑造人物的艺术支撑及其辅助作用和美学效果。

可惜的是，就在《梦蝶劈棺》排到即将合成的时候，经过有关专家初审后提出建议，认为还是应该选择一部传统剧目比较能反映出北路梆子的表演风格与唱腔特点，也容易把张彩平的艺术才艺最有把握地表现出来。

思路一调整，排练便停了。

这一停不要紧，不知不觉地就又过去了一年多的时间。

好在《梦蝶劈棺》参加了全省"三小"（小剧种、小戏、小品）调演，张彩平获得了表演一等奖，并作为传承剧目，《梦蝶劈棺》保留了下来。

老戏新演　当"夺梅"剧目《血手印》启动重排时，经剧团反复筛选和比较，专门邀请曾为赣剧演员、经由中国戏曲学院深造并留校任教、后为北京京剧院的专职导演徐春兰前来执导。

徐春兰接手北路梆子《血手印》导演后，首先对"闺房"一折进行了改动。

原来"闺房"的演出，是按照青衣的表演路子走下来的，比如剧中人王桂英穿着带有水袖的粉色绣花褶子，在演唱时，一般是在舞台上反复走来走去，偶尔才有对水袖做出相应的舞台动作。

徐春兰看了剧本和演出后，认为一个二八少女，原本天真活泼，期待自己婚姻的到来，应该改为花旦表演才好。于是，经过她的设计，给王桂英穿上了小花旦的粉色绣花裙子，去掉了水袖，同时增加了很多与唱词内容相吻合的表演动作，并借鉴、融合了昆曲、京剧"有歌即舞"的花旦表演方式，给一出场的王桂英增加了艺术亮点。

在与徐春兰相处的日子里，张彩平直接感受到了徐春兰希望地方剧种应该有勇气"放大"剧种格局、有胆量"突破"表演局限、有信心"传播"

得更远的殷切希望。为了寻找"闺房"的感觉,张彩平竟然让徐春兰关在了练功房一中午。

不忍回忆的是,客观原因的影响,导致当时团里面各方面的条件很差,排练场安排在一个类似库房一样的大平房里,连卫生间也没有。而徐春兰导演很能吃苦,也没有给她订宾馆或招待所,只给她提供了一间租来的民房。有时候忙着排练,忘了饭点,就愉快地跟着张彩平回家随便吃上一顿。就这样,徐春兰也会边吃饭边说戏,浑身上下有一种拼命三郎的勤奋劲头。

琴笳声震 参加梅花奖评比演出,按照评比规则,还必须有一部新编大戏。

新编历史剧《琴笳赋》的选定,也经过了一番心理与时间折磨。

剧本是在山西省组织的一次剧本推荐会上,从30多个剧本中,经过反复比较,才最后选定的。当时看中《琴笳赋》有三个原因:

一是剧本反映的故事内容,与大同所在的地理位置有关联,大同作为农耕文化与游牧民族接壤处,经历了古代历史的风霜雪雨,也在民族融合上做出过巨大贡献,兼有汉民族与少数民族的社会人文特点,排出来以后,能得到专家和观众认可。

二是剧中人蔡文姬是历史上的著名史学家、文学家,在民族进步与国家发展进程中,不顾个人得失,甘愿离夫别子,怀揣父辈遗愿,以顽强的毅力,完成了汉书编修,留下了千古传唱的优秀篇章。借古喻今,古为今用,符合经济社会发展潮流与呼声。

三是作者马彬是北路梆子专业编剧,长期供职于忻州市北路梆子工作岗位,深谙北路梆子的音律格调,尤其熟悉戏文韵脚,经过音乐设计,其编写的唱词十分便于转换为优秀唱段,有拿来即能使用的剧本排导优势。

《琴笳赋》排导合成后,在"夺梅"专场演出中发挥了重要作用。

多少年过去了,从方方面面评价,《琴笳赋》的创作成果,仍然富有积极意义,也成了大同北路梆子的保留经典剧目和张彩平个人的重要艺术成果。

终见天日　2002 年 12 月 4—5 日，张彩平终于迎来了在北京中国儿童艺术剧院举办个人演出专场的机会。

那时候，不是集中在某一大型演出活动中，由各剧种演员进行同一时间段的才艺比拼，而是谁的条件成熟，谁就进京举办专场演出。然后，经过专家评委的集体观看，再根据演出情况集体投票，做出是否获奖的决定。

令人意外的是，演出结束后，剧团和张彩平才发现有一些专家评委因为公出不在北京，或别的一些原因，没有看上专场演出。部分专家评委没看上专场演出，意味着投票专家人数达不到评比要求。几经周折，经过国家文化部艺术局出面协调和追加安排，又组织有关专家评委赴大同补看了专场演出，这才把"夺梅"这场"戏"完整地唱了下来。

虽然那些天大同的气温已经降到零下十几摄氏度，又连续下着大雪，出门行走很不方便，但是，专家们还是给予了充分理解和大力支持。

演出结束后，观看演出的专家高度评价了两个剧目的内容铺排和张彩平的演唱艺术。他们普遍认为，张彩平应该被评选为"梅花奖"得主。甚至有专家认为，张彩平与角逐二度"梅花奖"评比演出的一名川剧演员相比也毫不逊色。

至此，一直为张彩平"夺梅"赴省赴京、忙前跑后的大同市文化局副局长刘涌洲才松了一口气。

云中出岫　在张彩平举办个人演出专场时，还有一个"煎熬"是，山西省同时推荐了一名晋剧演员，一向在艺术上很自信的张彩平却在心里暗自忐忑了起来。她不怕才艺比拼，就怕晋剧毕竟代表省剧，假设获奖名额分配受限，自己会不会被刷掉呢？

为此，张彩平的忐忑心情一直持续了好几个月。有一段时间，半夜睡得好好的就突然醒了。继续睡，睡不着；躺着吧，也不能一直就看着屋顶的天花板。没办法，她干脆披衣起来，一个人呆坐在沙发上，一直等到天亮了。

2003 年 3 月 29 日，第二十届中国戏剧梅花奖评选结果揭晓。接着新华社以及各大新闻媒体相继刊登了获奖演员名单。

喜讯传来，雁北戏校校长刘振宇给张彩平打来电话，非常激动和高兴地说："不仅为大同市争了光，也为戏校争了光。戏校建校以来，还没有人拿过'梅花奖'呢！"

剧团也为大同北路梆子终于有了"梅花奖"演员而十分高兴。他们深知，这个奖项意味着，大同北路梆子开启了新的发展纪元，走上了新的艺术平台，有了见识更多演出市场的机会和条件。

张彩平获得第二十届中国戏剧梅花奖留影

张彩平自然更高兴了。用心煎熬、祈盼了20年，今天终于等来了，盼来了。她的心里除去感恩就是感谢，同时也感到了今后艺术道路上的压力和责任。

实至名归 第二十届梅花奖颁奖仪式，适逢"梅花奖"举办20周年。

2003年4月13日，北京嘉里中心饭店二楼宴会厅彩灯闪烁，通向领奖台的通道早已铺就了红色地毯，宽约8米的"梅花香自苦寒来"的大型横幅异常醒目。

中午时分，宴会厅内已经聚集了数百位历届"梅花奖"获得者和来自首都各大新闻媒体的记者，大家都在翘首等待即将领奖的戏剧明星。

颁奖·纪念活动规格很高。

时任中国文联党组副书记甘英烈，中国剧协主席李默然，中国文联党组成员、中国剧协分党组书记廖奔，中国剧协分党组副书记石宏图，中国剧协副主席徐晓钟、薛若琳、刘长瑜等出席颁奖典礼。

著名文学家/剧作家/词作家阎肃（右一）
在颁奖现场向张彩平（中）致贺/王珍茹（左一）

张彩平与中央电视台节目主持人陈铎合影

中国剧协分党组副书记石宏图宣布本届梅花奖获奖名单。

张彩平与"二度梅"获得者王红丽（豫剧）、田蔓莎（川剧）、刘玉玲（河北梆子），"一度梅"获得者贾文龙（豫剧）、王洪玲（河北梆子）等先后登上了颁奖台。

李默然、廖奔分别发表了热情洋溢的讲话。

颁奖·纪念活动还举行了庆祝酒会。

大家举杯同贺，觥筹交错。"老梅花"忆往昔如歌岁月；"新梅花"看今朝畅想未来。

明星们把颁奖现场点缀得分外妖娆，散发着耀眼的青春魅力。

颁奖活动还在人民大会堂举行了《梅花赋》大型文艺晚会。张彩平身居其中，切身感受到了艺术收获后的无限幸福。

领奖回来后，为了表彰张彩平在北路梆子艺术跋涉中所取得的突出成绩，大同市总工会为张彩平记了功，并颁发了立功证书。从此，张彩平的名字及其表演艺术也被更多的观众和戏迷熟悉与传播，她到哪里演出，都能看到闪烁在观众中的那种热切搜寻与内心首肯的目光。

获奖捷报传来，原本市里面要举行一次有一定范围人员参加的专项庆功活动。剧团领导班子也做过研究，计划举办几场汇报演出，用以回馈长期关心支持大同北路梆子的各级领导和喜爱张彩平表演艺术的观众和戏迷。但没能想到，"非典"（SARS）疫情暴发，大家随即进入了紧张的防疫、抗疫之中，举办庆功活动和汇报演出的计划，也就只好搁到了一边。

10. 矢志不渝

2002年，是张彩平艺术人生的丰收年。但是，从2003年开始到2011年，共8年时间，则是张彩平艺术人生的一个特殊阶段。

一方面是"夺梅"成功之后，很快就被任命为大同市雁剧青年团艺术总监，不长时间，又被当选为新一届大同市人大代表；另一方面是受主客观原因的影响，北路梆子演出市场日渐衰微，台口联系困难，演出收入下降，剧团人心浮动，演员流失严重。

作为张彩平，人生又能怎样奈何，只能是从积极的方面，逢山开路，遇水搭桥，塌下心来，做了几件算是有意义的事情。

含英咀华 张彩平知道，艺术工作，不进则退，没有机会排新戏，那就静心总结创作感悟，把过往演过的主演戏，哪怕是演过的配演戏，一个一个拾掇出来，独自一人，反复在脑海里回放、过滤，然后分片段、分场景、分唱腔、分念白，进行逐个分析，哪里演好了，哪里还有不足，哪里需要在以后的演出中改进和提升。同时，不断在思想深处提醒自己，无论如何不能躺在中国戏剧梅花奖的荣誉上吃老本。

这个时期，张彩平总结的创作感悟主要有以下六条：

一是从事艺术工作，必须心跟艺走、行随艺为；二是从事艺术工作，必须恪守成宪、规矩出牌；三是从事艺术工作，必须超常耐压、坚韧不拔；四是从事艺术工作，必须谦虚好学、不耻下问；五是从事艺术工作，必须不拘门派、博采众长；六是从事艺术工作，必须敬畏舞台、珍爱观众。

以上内容，既有感悟，也有做法，更有要求。事实上也是张彩平从艺为人几十年来的一个真实写照。

央视留声　中央广播电视总台戏曲频道（11台）有一个《名段欣赏》栏目，张彩平每次看电视节目的时候，总能看到各个剧种的一些名家（名角）出现在栏目里。节目制作短小精干，画面也很讲究和干净。一般都是先由主持人白燕升与参加节目录制的演员进行简单交流，然后开始播放参录演员的经典唱段。接着，用同样的方法，一段一段往下播。

喜欢在艺术上静心琢磨的张彩平，心里思忖，是不是自己也可以去参加一下录制。但是，经过打听，参加录制并不是那么简单的。一是需要剧团推荐；二是需要经费支持；第三，才是个人进行录制准备。一听到这些，张彩平便打消了念头。其实，当时录制一段也就只有1000元的费用（含吃住，不包括交通费）。

过了一段时间，剧团的其他同事也有了去录制的想法。于是，她因为没有经费来源而放弃录制《名段欣赏》的念头，便被再一次点燃了起来。终于在2005年硬着头皮去找市政府领导要回来6万元专项经费，才与张桂荣、魏润平等一起走进首都北京，完成了这个心愿。就这，张彩平饰演剧中人的服装，都是通过时任北京京剧院院长石宏图从剧院借来的。

为了适应《名段欣赏》录播时限规定，在大家的帮助下，最后选定了三个代表剧目的四个核心唱段。

其中，优秀传统剧目《王宝钏》一段："一脉青山披嫩草"（王宝钏独唱）；改编传统剧目《卖苗郎》一段："天凭数日人凭良心"（刘惠英独唱）；新编历史剧目《琴笳赋》两段："春深似海春满百花甸"（蔡文姬与左贤王轮唱）、"传青史万古千秋金石鸣"（蔡文姬独唱）等。

这几段唱，堪称经典。有的一开嗓就注入了喜悦、悠扬、欢快、歌唱等多种音乐元素，表达出了剧中人的舒爽心情；有的演唱节奏比较缓慢，剧中人的情绪几乎全部是在"说唱"中完成的表达；有的板式很全、用时较长，情绪饱满，凄美动听，从唱词的编写上，也显示出了深刻的思想内涵。妆容、身段、舞姿、表演等，也是张彩平艺术黄金期的最佳状态。

作为《名段欣赏》，时至今日，仍然广为流传。

燕园飞歌　参加《山西四大梆子交响演唱会》晋京演出，也是张彩平艺术人生中一件有纪念意义的大事。

2006年12月中旬,在山西省委、省政府"建设文化强省"发展战略的指导下,由山西省委宣传部和山西省文化厅主办、山西戏剧职业学院承办

张彩平在《山西四大梆子交响演唱会》上演唱

的这次演出,拉着"聆听乡音/感受乡情/山西四大梆子倾情奉献"红色横幅,先在北京大学百周年纪念讲堂演出两场,接着移师全国政协礼堂又演出了两场。

张彩平参加演出演唱的是北路梆子优秀传统剧目《王宝钏》中"一脉青山披嫩草"选段。

《黄河之声》杂志刊载的署名文章《四大梆子闹京华 〈山西四大梆子交响演唱会〉晋京述评》在"北路梆子歌大漠"中写道:听完悠扬的蒲州梆子后,全国戏剧梅花奖得主、北路梆子名家张彩平为观众演唱了北路梆子《王宝钏》中的一个唱段。……"王宝钏"可能是山西戏曲舞台上演出最多,同时也是最鲜亮的一个艺术形象。一个"王宝钏"成就了多少梆子戏的名家!也"成就"了今晚的张彩平。十几分钟的演唱,她唱做俱佳,声音嘹亮圆润,做功细腻传神,将一个美丽鲜活的王宝钏塑立在了舞台上,反映出这位北路梆子名家深厚的戏曲功底,确实有独到的过人之处,她的表演博得了观众的热烈掌声。

确实也是,戏曲艺术与交响乐融合在一起进行历史戏剧人物的情感抒发,有着别样的艺术风采,可以用"大气磅礴"四个字形容当时的剧场效果,给原本欢快、悠扬和奔放的"王宝钏"增加了几分轻松,几分激动,几分俊俏,几分高贵,并浸入了塞外大美的音乐元素和文化信息。

演出中,还由来自忻州的两位北路梆子青年演员演唱了张彩平的代表

剧目《琴笳赋》"芳草情深"片段,说明了大同北路梆子和张彩平表演艺术所拥有的影响力。

塞外凤鸣　2007年10月10—20日,第一届中国少数民族戏曲会演在山西大同举行。

山西省选送的北路梆子《琴笳赋》、耍孩儿《琵琶声声》、晋剧《傅山进京》与浙江、广东、云南、甘肃、青海、吉林等分别选送的婺剧、汉剧、德宏傣剧、大理白剧、楚雄彝剧、秦剧、黄南藏剧、满族新城戏等13台剧目参加演出。

本届会演是中国少数民族戏剧艺术的第一次盛会。

会演结束后,何玉仁在《中国戏剧》发表专文作了专题报道。

大同市文化局获组织大奖;《琴笳赋》获综合银奖;任新宁获优秀作曲指挥奖;张彩平、李刚、刘文海获优秀表演奖;鲁志刚、李志红、高少杰、荆勇、昝丽萍、谭秀兰、刘美云、苑秀琴获优秀伴唱奖。

演出期间,结合演出剧目,主办方举行了四次研讨会,就少数民族戏剧发展、少数民族戏剧的美学特征、少数民族戏剧的内涵和外延等问题进行了交流和探讨。

会内会外,一场接一场的演出,给古都大同增添了新的文化气象,也传递出了诸多艺术新知,这让张彩平与她的同事们大开了眼界!

杏花飘香　2008年12月25日,第十一届山西省戏剧"杏花奖"评比展演暨惠民演出在省城太原启幕,北路梆子《琴笳赋》再次登台亮相,角逐"杏花奖·新剧目奖"。

此次演出,剧中女

《琴笳赋》剧照 / 张彩平饰演蔡文姬 / 李刚饰演左贤王

主角蔡文姬仍然由张彩平饰演，曹操还是由刘文海饰演，其他角色也都是原创团队的演职人员饰演，只是左贤王的饰演者由过去的魏润平调整为李刚，主要是推荐李刚竞争"杏花表演奖"。

"杏花奖"由山西省文化厅和山西省戏剧家协会主办，是山西省委和山西省人民政府批准设立的山西省舞台艺术政府最高奖。自 1989 年开设以后，已经连续举办了 10 届评比演出，展示出了山西戏剧事业蓬勃发展和人才济济的新局面。

演出在山西省晋剧院排演场进行。那一天，大雪纷飞，路面车速仅能以二三十迈行进。就这，排演场内仍座无空席，连过道都站满了观众。场外冰天雪地的气候与场内热气腾腾的氛围，形成了鲜明反差。张彩平时而欢快、时而忧怨、时而慷慨、时而哀鸣的演唱，不时地激起了场内观众的阵阵掌声。

其实，每一次参加评比演出，不管对谁，都是一次对戏曲命运新的搏击与提升。

演出之后，该剧获得五项大奖：《琴笳赋》获杏花奖·新剧目奖；肖桂叶、杨润岁、白雅文获杏花奖·导演奖；任新宁获杏花奖·音乐设计奖；左海军获杏花奖·舞美设计奖；李刚获杏花奖·表演奖；等等。

唯有主演张彩平什么奖也没有，因为申报的时候就放弃了。她想好要给团里和剧目拿奖，要陪衬导演、音创、舞美和扶持同事获奖。

名家访谈 2011 年，山西广播电视台公共频道《百家戏苑》栏目要做系列戏曲名家访谈，首期播出的是晋剧名家王爱爱，二期播出的是晋剧青年名家谢涛。随后，省内其他剧种的老中青戏曲名家陆续播出。张彩平没有想到自己会被列入名家访谈名单。

访谈节目由山西戏剧职业学院青年教师、《百家戏苑》栏目主播王京主持。

首先是"赏名家名段，看流派表演，谈戏曲人生，叙梨园佳话"片头语的播出，接着由大屏幕画外音介绍道：张彩平被誉为"塞上一枝梅"，是深受大同雁北地区广大观众戏迷喜爱的青年北路梆子表演艺术家。她自幼爱戏如痴，天赋亮丽歌喉。雁北艺校毕业后，潜心从艺，渐成大器。先后在《王宝钏》《血手印》《琴笳赋》等剧中成功地塑造了王宝钏、王桂英、蔡文姬等光辉熠熠的人物形象。又以其清新婉转、催人泪下的演唱，温婉贤淑的表演，赢得了中国戏剧梅花奖、全国少数民族戏剧汇演优秀表演奖等多项奖励。并以她精心创造的嗨嗨腔，享誉塞外，传唱成风。

王京（左）主持张彩平访谈节目播出录像／视频截图

这次电视"戏曲名家"访谈很成功。2011年1月23日、30日，由山西广播电视台公共频道《百家戏苑》栏目分上下两集播出后，立即受到了广大观众的欢迎和好评。也让广大观众从电视画面中，了解了张彩平从艺以来许多鲜为人知的台前幕后的故事。

在录制现场，张彩平先后演唱了《王宝钏》《断桥》《血手印》《琴笳赋》中的经典唱段。张彩平的学生赵海雁、张晶晶分别演唱了《血手印》《卖苗郎》中的经典唱段。刚从山西戏剧职业学院晋剧专业毕业、供职在忻州雁门剧社（北路梆子）的青年演员王艳，慕名向张彩平送上鲜花和祝福时，表达了自己心底暗藏的拜师愿望。

11. 又沐春风

寒冬过后是春风。2011年，张彩平迎来了自己人生中新的艺术暖春。她没有想到组织上会找她谈话，要她出任大同市北路梆子剧团团长。

之前的8年时间里，尽管她特别渴望能有更多演出和创排新戏，但她却没有任何带团的心理准备，她告诉与她谈话的领导，她演戏还算有自信，但带团不一定能带好，希望能让她静静地想一下再决定。

低调上任 张彩平上任以后，第一次开会就出现了尴尬。

她会唱戏，她会听别人讲话，但她却不会在公众场合说话。

坐到台上，她不知道该咋样开头，咋样结束。停了一阵时间，看着大家盯着她，她也就索性把心里翻腾着的话，像拉家常一样，自自然然地说了出来。

她没有穿鞋戴帽，没有引经据典，而是直接说："我不大会讲话，大家都知道。这次当团长，是组织上做出的安排，我真心不想当，家里人也反对我当。可是，面对组织上的任命，不当恐怕不行吧。咋当这个团长，我能力真的不行，也一下子想不清楚，我只说一个想法，就是希望我们都要互相信任、互相团结，大家有啥好的建议就直接说出来。只要谁的建议有利于剧团，能使剧团迅速运转起来，咱就听谁的建议。团长的名分，看是在我身上，其实在座的人人都是团长。"

大伙知道张彩平的强项和优势在舞台上和艺术上，话不在她咋说，而在她咋做。大伙也相信演员出身的张彩平，一定会在团长的位置上懂得大伙在想啥和想做啥。

大同市北路梆子剧团就在这样一个没有豪言壮语的开场白中开始了新

的运转。乐器摊子又重新支了起来，一些中青年业务骨干也早早地就来到了单位，有的还自觉地开始到练功房练功和吊嗓子，全团上下，有一种要把丢了的艺术重新找回来的热烈氛围。

在开始的一个多月时间里，张彩平有空就与演职人员亲密接触、认真交流，真心"问计于民"的动作，真是把人们心中隐忍着的、平时不想说的"家底"翻了个底朝天。

此时，有的职工找到她，提出解决历史遗留问题；过去有往来的一些单位，也闻讯前来清理和讨还历史债务。而看看账上，只有一元六角的余款，外欠债务，不算白条，有30多万元。

张彩平没有厌烦摆在自己面前的所有问题，她暗自思忖，剧团是公办剧团，不是哪一个人的剧团，既然自己答应组织上当了团长，就得不怕麻烦，就得有勇气把解决各种遗留问题的担子担起来。如后来，当剧团有了一些资金回转余地的时候，她便让财务把拖欠多年的河北一家服装公司的订购款打过去，一位姓韩的负责人在电话里都激动得哭了。他说，这笔钱已经拖欠好多年了，我都以为没戏了。

登门动员　张彩平上任以后，做的第一件事，就是登门逐个拜访这些年陆续离开剧团的演职人员。

因为这些年下乡演出，实在是一件无法让人愉快的事。一是台口联系不上，好容易联系上了，但团里的音响设备陈旧，演出时，大喇叭刺啦刺啦地响个不停，弄得有些观众竟然能用吹口哨的方式表示出不满。张彩平认为这个问题比较好解决，只要咬住牙，找到资金，就能更换。二是最优秀的琴师不在剧团，最优秀的搭档不在剧团，主要行当的角色不在剧团，等等，你如果想完整而优质地给观众唱一台大戏，纯属做梦。而这个问题恰恰不好解决，必须把离开的人请回来，才可以真正焕发出生机。

所以，每到一家，她就把她自己想好的话重复一遍。她说："咱们在一起共事时间也长了，组织上让我把团里面管起来，大家兴许也都听到了。这些年，离开剧团在外面奔波也不容易，原因不去回忆了，事情也不用纠

张彩平在大同老城古戏台惠民演出时与观众交流

结了,现在唯一的希望就是想着大伙儿都能重新回剧团工作,咱们还在一起下乡演出。剧团的'家',大家当,我张彩平绝不会欺负任何一个人。工资补助嘛,只要有了台口,有了演出,有了收入,应该不是啥问题。至于团里欠下外面的历史债务,咱们回头一起认真地清理和认定一下。我相信,只要聚在一起努力,把劲使在一处,慢慢都会还清的,剧团的日子也会慢慢好起来的。"

该说的话,说过了;该承诺的义务,也承诺过了。没有几天,那些离开剧团已经许多年的老中青演职人员都陆续回到了剧团,开影楼的不开了,改唱歌曲的不唱了,搭班子带团的也不带了,大家又开始和过去一样,热热闹闹地一同走在了一起。

谁都不会想到,过去一年至多七八个台口,少的时候三五个台口,而她上任当年,一下子就订回来 30 多个台口,除去给大伙儿发了各种补贴,还用余额还了一大部分对外欠下的历史债务。

大伙高兴地说:"北路梆子风水又转回来了,能不能演戏,不仅仅是个人生活的需要,更主要的是广大观众就希望大同市北路梆子剧团能重归戏曲舞台,让大家有戏可看呢!"

压实担子 2010年前后，各省（市、自治区）戏曲演出团体相继成立剧种传习中心，成为一个新鲜事物。

2011年，大同市委、市政府根据上级有关精神，在深化地方文化体制改革中，也做出了一个重要决定：在大同市北路梆子剧团基础上成立大同市北路梆子剧种传习中心。

新机构的诞生，既是国家大政方针政策指导下的时代产物，也是张彩平上任以后需要抓紧落实的一项最新工作任务。

作为大同市北路梆子剧种传习中心第一任主任，张彩平一开始就对其他地市的运行情况做了深入调研。她没有闲散精力，也没有多余的经费走出去，她就通过电话、微信，不断就省内其他剧种的机构建制及其工作运行情况进行沟通和询问。

随后，结合北路梆子的生存发展情况，迅速明确了剧种传习中心的职能定位，并组织开展了一系列具体而颇见成效的工作。

12. 平城新赋

2011年，张彩平出任主任（团长）之后，始终把主要精力放在了抢救"非遗"、创排新戏、培育新人三项工作上。直到2015年，才在大家的推动下，终于可以轮到为自己打造一部主演戏了。

因为张彩平懂得在排戏上一定要先大家后自己，否则，就会没有带团的凝聚力。现行体制下，大家最反感的就是只顾自己发展的带团领导。可以说，没有一个演员不想演戏、不想登台。

文旅融合 大同是北魏古都，也是中国煤都。

张彩平在《平城赋》饰演冯皇后 / 现场演出照

进入新世纪以后，在国家产业结构大调整、经济社会大跨越的大背景下，如何预防"因煤而兴"滑向"因煤而衰"，进而完成"城市经济转型"的历史使命，便庄严地摆到了大同人民的面前。

2008年，大同市政府向全市人民提出了"以城市建设为突破口，摆脱'一煤独大'困境，以文化旅游产业带动城市经济转型"的号召。迅即，开始了恢复大同古城原貌、规划新建魏都大道、科学保护和开发云冈石窟等旅游景点的一系列大规模建设，正式拉开了文旅融合、拉动地方经济的序幕。

历史古都放在这里，当地政府又在组织全民城市建设，大同市北路梆子剧种传习中心做什么？面对全国越来越多的乃至世界各国涌来的八方游客，没有理由一直停留在传统保留剧目的演出上，而应该用最积极的态度，创作新剧目，用来宣传大同、描绘平城、图解千年古都的来龙去脉。

于是，张彩平首先想到了史上发生在平城的北魏历史风云，想到了执掌北魏"三朝"政坛命运，持续推进鲜卑民族向汉民族学习与融合的进程，一往无前，改革旧制和推行新政的汉女冯雁，即冯皇后、冯太后和冯太皇太后。

她想，如果以北魏这段历史做基础，将冯雁这一历史人物搬上戏曲舞台，也正好符合"讲好中国故事"、讲好"山西故事"、讲好"大同故事"的时代主题。同时，也可以实现文旅融合的要求，牵引旅游业与北路梆子同频共振，共同服务于地方经济社会的发展。

捷足先登 历史渊源初步厘清，剧目设想初步确定，接下来便是剧本怎么办？经费怎么办？

经山西戏剧职业学院教师李红梅推荐，最初请的是来自苏州的青年编剧俞永杰（艺名"俞妙兰"）。他到大同做了短暂调研和采风之后，便就地把自己关在一个宾馆里开始了剧本创作。

此时，剧种传习中心同步进入了导演构思、音乐小样、人物造型、服装设计、舞美灯光等相关创作工作。

关于经费问题，就在大家没有着落、一筹莫展的时候，有关国家艺术基金管理中心成立及其运营情况的相关信息进入了张彩平的视线。当很多人对什么是国家艺术基金还摸不着头绪的时候，张彩平已经开始组织剧种传习中心逐级向国家艺术基金管理中心提出了资助项目申请报告。并由大同市文化和旅游局局长刘广军陪同助阵，张彩平专程到北京参加了资助项目专场评审答辩。

2015年9月8日,国家艺术基金官网发布国家艺术基金2015年度资助项目立项名单公示,北路梆子《平城赋》名列其中,大家闻之,无不欢欣鼓舞。

与此同时,创排《平城赋》的设想和计划,也得到了省委宣传部的高度重视。希望《平城赋》等剧目,力争成为思想精湛、艺术精湛、制作精良的"高峰"之作、传世之作。

一流方阵 正式面世的《平城赋》,编剧王卫中,是天津市剧本创作室一级编剧,由其创作的话剧《棋盘岭传》《红旗谱》和戏曲《曹雪芹》《华子良》等,都是很有影响的舞台作品。

《平城赋》导演石玉昆,出生京剧世家,工武生,江苏省京剧院一级导演,由他导演的京剧《骆驼祥子》和晋剧《傅山进京》等大获好评。

为了请到工作繁忙的石玉昆导演,在后来的执行导演李红梅的帮助下,张彩平分别四次追到石玉昆工作的城市和家里,先后下太原、赴南京、赶福州、过海南,逮住石玉昆导演临时休息的空隙,抓紧介绍剧种传习中心的工作设想和自己心中那一份沉甸甸的责任,有一次竟然与李红梅一道陪着石玉昆导演去其夫人的墓地扫墓,用真诚和真情,最终打动了石玉昆导演,使之终于接受了担纲《平城赋》导演的请求。

《平城赋》唱腔设计孙宏旺,是本土作曲家,长期供职于忻州市北路梆子戏剧研究院,多次获得国家、省级音乐创作奖;为了在剧中展现游牧民族的草原文化气息,

《平城赋》剧照/张彩平饰演冯太皇太后/
李刚饰演冯熙/现场演出照

剧组又请了内蒙古民族艺术剧院国家一级作曲、音乐制作人恩和巴雅尔担纲音乐设计；音乐配器王天赐，是北方昆曲剧院青年作曲，曾担纲过晋剧《王家大院》的音乐配器；配器孙磊，是黑龙江省评剧艺术中心作曲、指挥，参与创作的《瑞蚨祥》《项羽》均获国家大奖。

舞美设计赵国良，服装、造型设计蓝玲，灯光设计蒙秦、金海，武打设计张幼麟，舞蹈设计张佑铭，道具制作张旭，也都是来自全国一流的专业人士，不仅获奖频频，而且在艺术创作上都有着独到之处。

《平城赋》中的少年冯雁由董晓云饰演，宫奴冯雁、冯皇后、冯太后、冯太皇太后由张彩平饰演。剧中其他主要角色由剧种传习中心骨干演员饰演。安排停当后，还缺男一号角色的饰演者，便从大同市晋剧院借调来了青年须生演员高永正。因为剧中要反映云冈石窟的凿造过程，用人比较多，便又从大同市歌舞剧院、大同市耍孩剧团和大同市艺术学校借用了部分演职人员和在校学生。

《平城赋》演出照／张彩平饰演冯皇后

至此，创作团队基本组合完成。

2016年4月27日，当剧组正式成立，准备启动开排的时候，张彩平如释重负的心情，让她流下了难以言表的串串热泪。她十分感慨能经过多方努力，组成这样一个代表全国一流水平的主创团队。她也为自己能在从艺几十年以后,在舞台上遇到"千古一后"这样一个历史人物,而倍感幸运和幸福。

建组后,为了激发剧组编创人员的创作灵感和激情,张彩平还亲自带队,三上大同方山永固陵集体扫墓,并举行了庄重的拜谒仪式。

余韵袅袅 经过 80 多天的挥汗排练,终于《平城赋》剧组于 2016 年 11 月 8 日在大同市工人文化活动中心一宫迎来了它的首场演出。以此为发

北京观众在梅兰芳大剧院演出大厅观看《平城赋》宣传画报(2-1)

北京观众在梅兰芳大剧院演出大厅观看《平城赋》宣传画报(2-2)

端，剧组不仅走军营、进校园，而且借势惠民送戏下乡，先后在全市和各县区组织了几十场巡回演出。

之后，二下省城太原，先后被推选参加了"2017年山西省新春新创优秀剧目展演"和"首届山西艺术节"专场演出。

并经过文化主管部门严格评审，还被推荐为角逐第十六届"文华大奖"和"文华表演奖"预选公示剧目和唯一被选送为进京参加"全国基层院团戏曲会演"剧目。

当时的省城太原市青年宫演艺中心、太原市工人文化宫、首都梅兰芳大剧院，宾客如云，一票难求。不到入场时间，演出大厅就提前站满了前来观看演出的新老观众。有的扶老携幼，热情索要演出节目单；有的三两相随，驻足观看陈设在演出大厅的宣传画报，呈现出一片祥和热烈的景况。

一时间，北路梆子/《平城赋》/张彩平，成为省城和首都观众热议的话题。

省城太原和首都的新闻媒体"井喷式"争先发布专题评论与报道，成为北路梆子演出史上少有的现象。

艺术成长有多种途径。但是，唯有排戏、演戏，是最有效的途径。张彩平的艺术成长，走的就是这样一条道路。从20世纪80年代主演《断桥》与观众见面，经过十几年拿下来一批优秀传统剧目和新编现代戏《绿叶情》，再到21世纪创排主演《琴笳赋》《平城赋》和原创现代戏《忘忧草》，无不闪烁着张彩平的艺术成长亮点，也为大同北路梆子剧种留下了一段弥足珍贵的历史记忆。

第二章 艺术评介

1. 恪尽职守

戏曲艺术承担着社会教化使命，发挥着价值导向作用。

维护和保持良好的艺术职守，是戏曲演员树立良好社会形象的关键因素。

立身以正，守心以纯，唱暖人之戏，做质朴之人，走光明之路，是社会主义核心价值观在戏曲创作与实践中的具体体现和自觉追求。

这些认识，既关联到能不能坚持"二为"方向和贯彻"双百"方针，也牵扯到为谁服务、怎样服务的基本道义和情感投入。

人常说，其美在艺，实际更在人。

守土有责 在旧时代，戏曲演员被泛称为"戏子"。

这个称呼，在今天看来，显然是一个蔑称。

中华人民共和国成立后，党和政府十分关心戏曲演员的养成教育，从提高演员的社会地位出发，彻底抛弃了带有人身侮辱性质的"戏子"称谓，一律以"文艺工作者"相称，有的演员还被党和政府授予"人民艺术家"称号，使得戏曲演员队伍很快便得到了充分的思想改造，一个个扬眉吐气、意气风发，焕发出了前所未有的艺术生机，开启了阳光演出、健康生活、引领风尚的新的艺术人生之路。

改革开放后，戏曲事业如沐春风，得到了空前的繁荣和发展。

20世纪80年代，曾被誉为戏曲艺术迎来的第二个春天。

这个时期，恢复排演了很多优秀传统戏，并按照"三并举"的发展方针，出现了大批新编历史剧和新创现代戏，在讴歌时代、唱响新风、丰富人民群众精神文化生活等方面，发挥了积极的宣传和鼓动作用，同时也推出了一大批青年艺术人才。

但是，进入20世纪90年代，受市场经济初期发展、各方面还需要摸索经验的影响，在外来文化与多元文化的剧烈冲击下，戏曲艺术受到了一定程度的挤压，剧团不景气，演出无市场，演员放假，甚至演员改行、另谋生路等现象，俯身可见。

在这样的情况下，张彩平没有动摇。

她认为，自己从小就开始进戏校学艺，爬摸滚打几十年，在党的阳光雨露滋润下，在各级政府关怀下，在观众戏迷拥戴下，把自己培养成了一名小有成就的文艺工作者，她被给予了那么多奖项和荣誉，尤其是获得了中国戏剧"梅花奖"这样的荣誉，坚守戏曲舞台，坚守北路梆子，既是责任，也是道义。

因此，她总会反复叮嘱自己，不管谁改行，自己都不改。不管剧团怎么不景气，自己都要坚持住。因为她舍下啥也舍不下北路梆子，唯有唱戏，才是她生活中的最大快乐。

她说，她的人生梦想和理想，就在北路梆子的舞台上。

回忆起来，确也如此。当年与她一起考入雁北戏校的35名同学，随着时间的推移，到现在基本上都改行了，同学们偶有聚会时，大家便会对她说，就剩"一支梅"啦。

张彩平带团在太原近郊演出／观众在热烈鼓掌

木人石心 有一段时间，一方面是剧团不景气，订不回来台口，演员坐在家里没戏演；另一方面是戏曲体制外，演出市场却表现得十分"红火"，各类歌厅、舞厅、迪厅以至于茶社演出应运而生,被当地俗称的"跑门市",不断搅动着戏曲队伍的稳定。

北路梆子流行地区的人们都知道,张彩平是出道比较早的名角,这个时候,她便会不断地受到一些歌厅、舞厅、迪厅、茶社的邀约,并以给付高额出场费来动员张彩平参与到它们的经营活动中去。

但是,张彩平任凭来人"天鹅说成扁嘴",反正一个主意,就是不唱"门市戏",就是不去歌厅、舞厅、迪厅、茶社去演出。

张彩平的做法,也会受到一些不是很了解她的观众甚至同行的误解。有的认为,张彩平骄傲了;有的认为,张彩平不接地气了;有的甚至认为,张彩平忘记了观众是戏曲演员的"衣食父母"了;等等。

听到这些非议,张彩平也不去做刻意解释,而是继续埋头坚持练功、练唱,她要等待团里安排的演出任务。她认为唯有跟团集体参加演出时,才是她施展艺术才艺的真正场合。

忧公忘私 张彩平不唱"门市戏",确实是真的。

但是,她却十分乐于义务服务公益事业。只要需要她参加的任何社会公益演出,她都会克服一切困难,积极响应。如省、市、县广播电视台逢年过节举办的联欢晚会,山西卫视《走进大戏台》栏目组织的剧种及其艺术流派演出和做评点嘉宾等,只要接到邀请,她一定会是愉快答应和准时到场。

张彩平在山西广播电视台公共频道《百家戏苑》"汾水梨园聚芳华/青衣专场展演"做嘉宾评委

在张彩平从艺的几十年时间里,不知道走过多少偏远山庄、边塞绿茵。最远的去过内蒙古呼和浩特市清水河县韭菜庄乡,包括到省内的朔州、忻州和太原郊县的一些村子里去演出。有时候演出《王宝钏》,有时候演出

《血手印》,有时候演出《苏三起解》,只要是剧团的保留剧目,观众点啥戏就答应演啥戏,绝不以名演员居功自傲,推诿躲闪。

一个戏曲演员,只有站在观众戏迷中间,与观众戏迷打成一片,才是最有意义的艺术人生。

脂膏不润 艺术的坚守,需要基本素养,更需要经得住时间和方方面面的考验。

有一年,忻州一个民营剧团成立以后,剧团负责人找到大同张彩平的家里,想让她去帮忙演出,并告诉了其相关的优惠待遇。但是,没有注意到来人放到了家里一万元订金。来人走后,被张彩平的丈夫丁大庆发现了。于是,夫妻两个人很快找到了这位负责人住的宾馆,把订金原封不动地退了回去。

张彩平(右)参加省人代会与张建华(左)等代表在一起读报

张彩平对这位负责人说,举办民营剧团的不容易大家都知道,尤其是起步阶段,会有很多困难,咱们都是同行,有啥需要帮忙的能行,只要单位没演出,有时间,我就可以去支持一下。但是,直接参与你们院团的演出,没有保证,也无法答应。

在张彩平看来,如果她答应去了民营剧团,团里一旦有台口而自己回不来,就会断了剧团一些传统保留剧目的正常演出,她不能这样做。

这个时候,张彩平的丈夫丁大庆也给了她坚守下去的勇气。告诉她,有演出咱就演出,没演出咱就在剧团待着练功、练唱,家里的生活有我安排,不用你发愁。

2. 忠孝难全

做一名合格的戏曲演员，尤其是做一名优秀艺术家，是一个辛酸的过程。很多时候，需要在服从剧团工作安排与舍弃亲情事务之间做出选择。

闲下来，张彩平也会觉着当时咋就会那么听话，但真的就是那么听话地走过来的。

按说人都是有情感的，难道自己就真的是铁石心肠吗？可对于张彩平来说，就是做出了"铁石心肠"的一些事情。

戏比天大　男大当婚，女大当嫁。

把时间倒回到1985年，张彩平转眼就到了该出嫁的年龄了。

但是，那年月，一方面，国家提倡晚婚晚育；另一方面，地区文化局领导也不想让他们这批青年演员到龄就结婚。领导的出发点很好，就是为了让他们这批青年演员不要因为谈婚论嫁分心，要集中精力，抓紧提升和磨砺自己，创作一批新剧目出来。

当时，雁北地区北路梆子青年实验团正在紧锣密鼓地赶时间排练《窦娥冤》，张彩平在剧中饰演窦娥。

这时候，张彩平的婆婆从太原撵到大同来了。

婆婆来了以后，一方面，做张彩平的思想工作，让她能理解做家长的心情，理解儿子丁大庆孤身一人在大同，一直住单身宿舍，家长不放心，希望他们早点完婚；另一方面，出面去找剧团领导替他们请假，婆婆想和剧团领导表达的意思是，两个孩子都到了结婚的年龄，该结婚就得结婚，结完婚该做啥再做啥，两个孩子从学校开始认识，已经前后相处了五年时间，到龄了，不能再拖了。

当时，婆婆和剧团领导说，"彩平性格偏软，看着就不大爱说话，大庆在我身边带大，也是从小就不善言谈，现在'打死'他们两个，也没有勇气来找你们说他们结婚的事，我这是实在没办法了，才出面替他们来请假的，还希望领导们能理解啊"。

不等剧团领导表态，婆婆接着就自己说了硬话，"领导们能理解，请给假最好，如不请给假，也没事，反正我大老远跑过来，就是接孩子们回太原的，太原已经全部准备好了，连夜就走，办完事就让他们回来，不耽误你们排练和演出"。

婆婆中午到大同，晚上张彩平就这样跟着婆婆和未婚夫丁大庆坐火车去了太原。次日早上下火车，去丁大庆的一个亲戚家里换上结婚的衣服，直接就被接到了婚宴上。晚上休息了一宿（洞房），次日一大早就又坐火车回到了大同。挠心的是下火车张彩平连家也没有回，结婚的服装也没有脱，就又直接到单位接着排练《窦娥冤》。

想起来，面对这样的人生大事，连来带走，只用了两天时间。问题是婚后第三天，也就是接住排练的次日，便进了礼堂正式演出。当时有人逗乐说，刚办完婚庆，吃过喜糖，入了洞房，转眼就变成了冤屈的窦娥……

张彩平这边，是兄妹中的独生女儿。女儿要结婚了，父母自然想着要在"回门"的时候，请一下亲朋好友。谁能想到，张彩平因为剧团排戏和演出，竟然能擅自做主撂下了"回门"的事。

多少年过去了，有人问起张彩平来，你觉着自己当时傻不傻？她说，"傻"倒是没觉着，反正从小受家庭教育的影响，家里的事可以放下，耽误了也没有啥。公家的事不能影响，演出的事更不能影响。老百姓等着看你演出，你却有事不演出了，那多不好。

舍我其谁 婚后半年，张彩平有了身孕。

那年月，在一定程度上，封建思想还在支配着人们的思想，年轻人有了身孕，都是尽可能收腹，一般都不好意思给单位同事说，就更不要说给单位领导说了。就这样，张彩平怀孕期间一直坚持上班，还不断随团下乡演出。

　　到了怀孕七个月的某一天，团里面正在朔州一个村子里演出《白蛇传》。该由张彩平出场演出《断桥》时，她突然觉着肚子一阵疼痛，可妆已经化好，戏服已经穿好，分场过门的锣鼓经也已经敲打上了，根本不允许她想什么，仗着年轻，啥也不懂，啥也不怕，就疼一阵，停一阵，又疼一阵，又停一阵，硬是撑着劲把《断桥》给演了下来。谁知刚一下场，张彩平就疼得站不住了，大家便赶紧吆喝村里的人，用一个简易的三轮车，把她送到了当地的医院。去了一检查，还好，还没有到临盆的时候，但医生给出的医嘱是停止演出，不能太疲劳。

　　此事发生后，立即引起了方方面面的牵挂。

　　丈夫丁大庆知道了，很心疼，建议张彩平不要参加下乡演出了。

　　婆婆知道了，更紧张，生怕儿子、儿媳妇的头胎孩子出了问题，马上从太原捎来话，建议张彩平立即请假，不要上班去了。

　　但是，张彩平却没有听丈夫和婆婆的话，她舍不下舞台，她傻乎乎地自认为没有足月，没有啥事，她向丈夫和远在太原的婆婆承诺，她会小心照顾自己，保证不出问题。

　　其实，还有一次是在演出《三叩门》。演到中间，张彩平饰演的剧中人刘秀英面对儿子季宝童的苦苦哀求和逼近，有一个蹲桌的动作，当她从桌子上翻下来的时候，饰演季宝童的演员没有衔接好，直接就顶了一下张彩平的肚子，也是让她想起来既胆大又危险，还后怕的一件事情。

名人无奈　春夏秋冬，暑往寒来。

　　演员不是钢筋铁骨，演员也是人，吃五谷杂粮，难免都会有头疼感冒的时候。但是，头疼感冒，对于演员根本不算事情。这是因为，演出就是战场，演出就是召唤，定了的戏，你不登台，谁登台！你不演出，谁演出！尤其是做主演，做名演员，观众就是冲着你来看戏的，哪里允许有商量换人演出的余地。你说你头疼、你感冒，那好，那就请来乡村医生，现场给你打针、输液。这一方面，剧团的领导一般都安排和跟进得特别快。打完针，输完液，轮到要开戏了，只能是硬撑着起来，涂上胭脂，换上戏服，踩着锣鼓经，粉墨出场了。

有一年，剧团的一位资深青衣演员，因为临时遇到特殊情况，不能参加演出，但演出戏单已经贴出去了，团里面便和张彩平商量，看能不能顶夜场演出一场。一般情况，演员在日场演过大戏，就不再演出夜场。反过来，演员在夜场演过大戏，也就不再演出日场。

那时候，张彩平已经开始扛上大戏，但资历浅，多数时候和多数情况下安排的都是日场。这一天，她演的是《血手印》，唱做都很吃功，演完后，团长叫住她说，夜场是《风尘女子》，你能不能给咱顶场演一下？根据张彩平的性格，就没有不能的可能。

但是，因为当时气候不对，加上日场与夜场连起来演出疲劳，当天晚上她的身体就觉着有些发热，随后是发冷，明显是感冒了。可是，她却不愿意让领导和同事发现。

原因有两个：一个是还想第二天继续参加演出，不希望自己在团里出现人员困难的情况下自己趴下；另一个是担心领导和同事会不会觉着自己逞强好胜给趴下了。于是，她便不声不响地一直起劲地喝水，用来快速解除身体

张彩平在《平城赋》演出前化妆

一会发热一会发冷的感受，硬是拼着命把几天的演出给坚持了下来。等到演出完了，回到家里了，却给整得彻底病得爬不起来了，这才无奈地让丈夫陪着上医院打针、输液、开药，慢慢地恢复。

还有一次，也是在朔州的一个村子里演出，五天七场戏，张彩平每天都是日场演完演夜场。那时候，她还年轻，但也经不住一天两场戏地演。

问题是演完之后，没有歇缓的间隙，就得一溜烟地赶到繁峙县的下一个台口。等到赶过去，她就感冒得起不来了。

那咋办，只能在驻地叫来乡村医生给她打针、输液。

打针好说，一两分钟的事情，哪怕在后台也能进行。输液就不一样了，个别乡村医生往驻地来得迟了点，液体输不完，就到了演出时间，只有拔下针头，先去演出，演完了，再接着输液。

有时候，也很奇怪，看着病得爬不起来了，可是一听到舞台那边的鼓板琴弦响起，张彩平似乎就又来了精神……

其中，最不堪回忆的有两件事。一件是2017年正月，张彩平的父亲去世才五天，还没有出灵，就得去下乡演出。当地要张彩平唱《王宝钏》"拜寿"折子戏，心里是满满的悲伤与无法抑制的痛苦，还得在舞台上强装笑脸，去表现王宝钏的人物心情，演完刚下场，她就控制不住地哭成了泪人儿。

另一件是2018年6月6—7日在北京演出《平城赋》，忙完演出善后，9日回到大同，11日家中的二弟就去世了。其实，临出发北京前，已经知道二弟病得很厉害了，能咋办！

方寸舞台，梨花带雨。唯有经历了，才会知道其中的滋味。

痛失双亲　前文已几次述及张彩平的父亲张生元。

这是一位很爱文艺、很有事业心、很有责任感的好党员、好村支书、好教育工作者、好文化工作者。对于张彩平，还是一个好父亲。如2016年3月10日，已是81岁高龄的张老先生，面对电视镜头，侃侃而谈：当村干部一把手管什么？家国一理，政治、经济、文化。政治就是按照上边的方针政策办事情，这叫和党中央保持一致；经济就是抓好农业生产，多打粮，让社员吃饱肚子；文化就是活跃、丰富村里的文化活动，帮助搞好村里的小学教育。不要看文化排在第三位，其实这是凝聚人心、培养人才，当好村干部最有效的一种工作方法。黎寨村在文化方面出了好多人才，我现在很满足。

张老先生说到情动处，兴之使然，还操起梆胡，拉了一小段晋剧曲牌。

但是，就是这样一位最早组织盖起全县所有乡村唯一室内剧场、退而不休、乐观豁达、令黎寨村和怀仁人尊敬的老人，却无法逃脱人生自然规律，后来因为生病医治无效，就静静地走了。

张彩平提起自己的父亲就抹泪，她怎么都不会想到父亲会走得那么快、那么急，因为她没有遇到过亲人突然走了的经历，她没有任何精神准备，她简直就不相信自己的父亲会走了。

不知道有多少个日日夜夜，张彩平会独自把自己关在屋子里，一边抹泪，一边心里喃喃着：爹啊，爹，您哪怕等着彩子汇报演出回来，再给您喂上一口饭，送上一口水，您再走呢！您不是说您没有事，让我安心汇报演出，等着我演完回来看您嘛……

通常说，有了一次没有为父亲临终尽孝的情感折磨与深刻教训，张彩平应该很好地汲取了。虽说父亲走了，可还有老母亲健在嘛！有妈就有家，有家就有情感依附，就有精神寄托，就有割不断的情缘与挂记。

但是，张彩平是团长，全团的人都在等着她来上班，等着她领着大家去下乡演出。此外，还有许多社会事务也等着她去应对和处理。尤其是《平城赋》已经定下来演出时间，她匆匆忙忙打发完父亲，想过留在怀仁老家住上十天半月，陪陪突然失去老伴的孤寡母亲。可是她却没有做到，也没有办法做到，就又返回了单位。

张彩平与母亲闫梅兰在一起

当她在台上演到冯太后面对拓跋濬故去的片段时，怎么也控制不住情绪，竟然把满腹思念的泪水移植到了剧情当中，声泪俱下地唱完了一大板唱腔，观众在台底下拼命地鼓掌叫好，可谁又能知道她的老父亲出殡后才只有一天！

有时候，人生就是如此残酷，命运就是如此无情。当张彩平再一次醒悟的时候，她的老母亲无疾而终，也静静地在怀仁老家走了。

消息传来，如五雷轰顶，让张彩平陷入了极度的悲痛之中。

愧对夫子　张彩平的丈夫人很灵秀，处世规矩，做事精细，也有一般男人应有的闯劲。几十年相伴过来，为张彩平的艺术发展，几乎用尽了自己的全部精力。

张彩平作为北路梆子当代颇负盛名的表演艺术家，会唱戏，影响深远，人所共知。但是，家里的事几乎都不会做，也不善于做。不知道是性格问题，还是取向问题，即使让她做出来，或者她就想去做，也做不大好。

张彩平与丈夫丁大庆和儿子在一起

怎么办？十分爱她的丁大庆一个人担起来就是了。谁让自己当年在学校托同学给人家递了一张求爱的纸条来，又是谁让自己心甘情愿地娶上做演员的伴侣来，更是谁让中国人对戏曲艺术有一种不可替代的情感依附和原乡情结来。

对孩子也是，张彩平按规定产假休过后，就一天也没有多请假，直接上班了。遇到下乡演出，团里面也很照顾，但张彩平却觉着，越照顾越要体谅领导的难处，能随着下乡走，就不能借故孩子小和离不开哺乳，不去随团演出。

孩子长到七个月的时候，团里面要排新戏，为了不影响工作，张彩平与丁大庆一商量，干脆就把孩子直接送回到了怀仁乡下的父母家里。

孩子稍大点接回到身边后，母子间的陌生感，让张彩平想起来心里就心酸，不要说打孩子了，就是平时语气稍微重了一些，孩子都会立即表现出委屈状态。整个上小学期间，也是丁大庆天天负责接送。在剧团工作，越是节假日越忙，而孩子此时放假在家里，仍然是丁大庆洗衣服、做饭和辅导孩子学习。

孩子小时候经常说："妈妈，快让我爸爸做饭吧，你去唱你的戏去吧。"

其实，儿子还不到懂得关心自己妈妈的时候，这是因为儿子知道自己妈妈做下的饭，不如爸爸做下的饭好吃！

其实，对不起儿子的事情很多。比如儿子是七月二十五的生日，可偏偏这时候是剧团下乡演出的旺季，儿子都长到十几岁了，她也没有和儿子在一起专门过过生日。

要知道丁大庆也是吃剧团饭的人啊！总这样也不是办法，就在儿子要上初中的时候，不得不送他到了全寄托学校，直到考了大学。

一贯服从 古人言"忠孝难全"，一点不假。

有时候，张彩平连亲朋好友的正常来往也做不好、做不到。

张彩平的哥哥要结婚了，父母捎来话，想让张彩平提前一两天回去，与父母一起忙乱忙乱，她便试探着和当时的团长请假。团长是广灵人，操着一口广灵话说："彩平，大家正在下乡演出，你个女孩子回去能做啥，啥也做不成，不用回去了，安心演出吧。"就这样，连哥哥的结婚典礼也没能参加。

张彩平说："我也知道这样行事，有些差，过后心里也可难过了。但是，从艺就这样，领导有安排，观众等着你，你还能有什么舍不下的呢！"

3. 金声玉振

张彩平工青衣，必须在唱功上有着超人的先天禀赋与优秀的后天发挥。作为青衣行当，唱得好，可以忽视相貌、妆容，甚至表演等方面的缺陷，而唱不好，其他几样再好，也都无济于事。

张彩平在自己的艺术人生中，不仅相貌、妆容十分好，而且重视自身唱功的打造与锤炼，形成了一条唱到底也不会疲音、破音、岔音、失音的"金嗓子"。

回放张彩平所有演出剧目中的核心唱段，少则四五句，多则几十句，甚至五六十句，或大弯大调，气贯长虹，或凤吟鸾吹，珠圆玉润，以致形成了众口交赞的"彩平腔"。

夯实基础 戏曲演员的演唱，来自口传心授，讲究吐字发音，但并不会讲出来多少科学的东西。如果说有科学传授的话，那就是老师告诉你，必须每天出去喊嗓子，俗称冬练三九，夏练三伏，不管多么寒冷、多么炎热，必须长年累月地坚持。尤其是冬天，先把水一口一口喷到墙上，形成冰壁，然后对着冰壁喊，直到把冰壁喊化了，方可停止。再有就是老师告诉你，气要下沉，要找到丹田位置，要学会脑后音、鼻腔音、丹田音、共鸣音，并通过唱段示范，对演唱过程中的吸气、换气、偷气、补气等进行具体指导。还有就是老师告诉你，演唱中的运气方式要均匀，要不留运气痕迹，让观众只能感觉到演唱的通透与流畅，而感觉不到有碍于演唱悦耳以外的其他声音。

前文已述及，张彩平不仅在这些方面接受了良好的启蒙教育，而且在喊嗓子、练嗓子方面也做到了持之以恒，不惜力、不偷懒。

关于喊嗓子、练嗓子的问题，你喊了多长时间，练了多长时间，就会有多长时间的积累与享受。天赋仅仅是一个方面，天赋可以让你歌声嘹亮，但不能让你经久耐用，更不能让你够用，还有会用和活用。戏曲艺术不同于其他文艺形式，特别是北路梆子，弯调很多，花腔常用，不在传统声腔上狠下功夫，做好实实在在的研习与继承，要想在剧种内和舞台上站住、站稳，一般不大可能。尤其是青衣行当，重唱轻工，必须过好传统声腔的研习关、继承关，当然，也还有研习、继承基础上的创新关、发展关。唯有如此，才有可能塑造出观众想看的舞台人物，唱出来观众想听的优秀声腔。

再者，演唱艺术看似很灵活、灵泛，有天赋和开窍的演员容易打造出个性特色来。但是，遵守艺术规制很重要，把握声腔的出发点只有一个，就是在艺术规制指导下，为塑造人物服务，二者缺一不可。可以肯定地认为，脱离艺术规制的声腔创造，无意义；脱离塑造人物的声腔创造，也无意义。声腔问题比较复杂，如对弯调的使用，多了少了都不行，自然、正好，应该是基本标准。做到这个，既需要长期的磨砺和感悟，更需要作为长期坚守的一个理念。

开辟新途　随着年龄的增长和舞台经验的积累，优秀演员都会根据演出体会，开始从演唱模仿中走出来，进入自己的演唱创作期。

这个时候，一般会有两点明显变化：第一，在传统剧目里总结舞台体验，哪里适合自己的嗓音条件，哪里不适合自己的嗓音条件，适合的保持下来，不适合的做好规避，由此发生声腔变化；第二，在新创剧目里寻找人物感觉，在没有历史剧目参照的情况下，根据音乐设计和唱腔设计，对声腔乐谱进行全方位重组，由此发生声腔变化。

当后者变化与前者变化相融的时候，就自然形成了个人的独有演唱风格。

张彩平声腔艺术的发生发展，也走过了这样一个带有规律性的经历。

由于基础条件好，她的第一变化和第二变化，用的时间都很短。两者的融合完成得很快。尤其是她很重视钻研王玉山"水上漂"的声腔艺术，

张彩平在《王宝钏》中饰演王宝钏（前左一）/
赵海雁饰演王银钏（前右一）/现场演出照

同时喜欢贾桂林"小电灯"的声腔艺术，还有蒲剧冯派的声腔艺术、晋剧程派的声腔艺术和河北梆子"京梆子"的声腔艺术，这对形成她自己的演唱风格起到了积极作用。

注重探索 北路梆子声腔有九种板式：慢板、夹板、二性、三性、流水、介板、滚白、导板、大起板。每一种板式，都严格规制，也有变通。

规制指音乐谱曲制式，变通指演员润腔方法及其效果。

一个优秀演员，往往会在"变通"方面有所作为，由此也就自然丰富了剧种特色，并创造出新的声腔艺术范式。

北路梆子声腔的音乐制式很规范。

但是，张彩平的声腔艺术，不拘泥于这些规范，而是积极进行声腔探学，在变通上做文章、下苦功。每次遇到新创剧目，她都会根据音乐作者给出的唱腔乐谱，融入自己的理解和思考，不断把各种润腔技巧糅入其中，尽最大力量美化声腔特色，力争唱出别样艺术风采。即使是演出传统保留剧目，也要在前人创腔的基础上，唱出来自己的声腔特色。让观众闭着眼睛一听，就知道是张彩平在演唱。

善于突破 张彩平声腔艺术特色的时代性，主要体现在以下四个方面：

第一，改编（移植）剧目的声腔创作，《血手印》《王宝钏》《卖苗郎》《玉堂春》等皆有突破。

第二，新编新创剧目的声腔创作，《绿叶情》《琴笛赋》《平城赋》等特色鲜明。

第三，晚会形式的唱段革新，传统戏、新编戏等都有建树。

第四，戏歌的推广普及，大方向始终没有脱离北路梆子母体音乐制式。

张彩平较为全面的声腔艺术创新，可以从2017年出版发行的《北路梆子张彩平演唱专辑》中得到体验。

目前，在业内有"彩平腔"的流行说法，被认为是一个剧种发展到一定阶段的必然产物，它有着不同于历史以往的任何一个声腔，凝结了一个艺术家为之所付出的无穷心血。如大同市艺术研究所副所长张世龙发表在《戏友》杂志的《北路梆子"彩平腔"的形成与发展》（见2018年06期）一文，从张彩平演出的一些剧目和塑造的一些人物入手，对其声腔特色做了具体剖析与理性思考。应该是业内第一个提出来的"彩平腔"艺术概念。

张彩平在《廉吏于成龙》中饰演于妻

在业外观众群，也有"张彩平唱的是典型的北路梆子艺术风格，深沉稳健、委婉细腻、大气脱俗，别有新意"的流行说法，被认为是新时期王玉山"水上漂"艺术流派最优秀的正宗传人。

成因分析 2011年山西广播电视台公共频道《百家戏苑》栏目在做张彩平艺术人生专访时，大同市艺术学校原校长、戏曲音乐家、戏曲教育家张国才面对主持人和电视观众娓娓地解析说：原先我也在北路梆子剧团来，我是拉弦的、操琴的，还搞音乐设计，1980年调到艺校执教，当了老师，就是陪着她

张国才在电视机前现场介绍
张彩平的艺术特点

们这个班，一直走过了一个里程。如果说彩平，天生丽质，人有天赋，父母亲给了一个特别亮丽的嗓子，而且又经过了在雁北艺校七年的深造，她在北路梆子的唱、做、念、打、表诸多方面，获得了可喜成绩。特别是在唱功方面，尤为突出。要评价彩平的唱腔特点，我觉得有这么四点：她的嗓音清脆明亮，而且高亢挺拔，甜美华丽，婉转优雅……彩平既继承了"大北路"舒展大方、浑厚大气之风骨，也继承了"小北路"的精巧华丽、玲珑剔透的风格，所以她在唱腔方面，兼容了百家，形成了自己的特有唱腔。在唱腔方面，她既激昂慷慨，也委婉流畅，所以这就是她的特点……

同时，经过了千锤百炼，现在基本形成了自己的风格。毕业以后，分到北路梆子剧团之后，经过十多年的舞台磨炼、打造，她懂得学了，她兼容百家，形成自己，为我所用，你像唱腔当中都能听到，她学的河北梆子，她还有蒲剧，也还包括王（爱爱）老师的晋剧，但她都融会贯通，她不留痕迹地都吸收到自己，成为自己的营养成分了。所以彩平就是一个天生的，要我说，你是个做啥的，我就是个唱戏的，就是为唱戏生的……

在研究张彩平声腔艺术的时候，还需要注意到她何以会做到如此状态的一些重要成因。

——有强烈的原创意识。"艺术的生命力在于艺术的原创力。"戏剧

原创,包括剧本原创、音乐原创、舞台呈现原创和演员表演原创等诸多方面。张彩平从一出道就开始走上了这样一条正确的发展道路。如《绿叶情》《琴笳赋》《平城赋》等剧目。剧中的叶儿、蔡文姬、冯太后等人物形象,都是北路梆子历史舞台上没有出现过的原创人物。也许有人会问,《断桥》是原创吗?可以回答,是的。《血手印》是原创吗?也可以回答,是的。因为这些剧目从编剧入手改编,就已经与历史演出版本发生了根本变化。不仅唱词变了,而且音乐变了,舞台呈现变了,演员的表演和演唱更变了。需要承认的是,张彩平表演艺术无疑是狭义原创与广义原创的最佳"结合体"。

——有坚毅的认知定力。以一度创作为例,《琴笳赋》《平城赋》剧本的诞生,就经历了常人无法理解的艰难寻找(打造)过程,可谓用尽心机、煞费苦心。《琴笳赋》是在剧本推荐会上,经过反复比较,从几十个剧本中选定的,而且在创排过程中,进行了多次修改,演出中还在不断修改,回放演出情况,仅在故事取舍与情节铺排上,至少形成了两个不同的演出版本:"夺梅"版本和"夺杏"版本。《平城赋》剧本的诞生更为曲折,先后经过了两个编剧,而且是在第一个编剧写出了剧本,导演拿出了"导演阐述"的情况下,完全被推倒,二次选择编剧才确定了下来,并在排练过程中,七易其稿,最后才搬上的舞台。对导演的选择,也有自己"选一不二"的定力。为了得到导演石玉昆对创排《平城赋》的支持,曾四次追踪,一次陪同"扫墓",导演终被感动。

——有刻苦的工匠精神。品质灵魂,不仅是工业产品的专属,戏曲艺术同样需要品质灵魂。张彩平从艺很刻苦,老师这样认为,同行这样认为,学生这样认为,观众也从她在舞台上的个性化、柔性化表演能看出来她平时的刻苦状态。台上一分钟,台下十年功。张彩平能够在舞台上做到无声不歌、无动不舞,好看、好听、动情,并不是一件简单的事情。仅《王宝钏》中王宝钏回相府给父亲王允祝寿出场时的"单水"表演,没有三五年的刻苦磨砺,不会表达得那么洒脱飘逸而撩人心弦。《血手印》中王桂英在"行路"中的圆场、哭诉、呐喊等表演,更是悲中出美,艺术点数频出,让人难以计数。表演"诗化"、声音"美化"、身段"韵律化"、审美"艺术化"等多方位的舞台呈现,都是张彩平追求艺术完美而付出无穷心血换来的结果。做到这一点,需要淡泊名利,只求做到极致,而不问前程与后果,正好张彩平兼具这样的内在性格。

——有真诚的责任担当。时下,观众最不满意的就是"评奖戏"和"应景戏",投资很大,然后束之高阁。而张彩平主演的剧目,恰恰不是单纯为了获奖而生产的"评奖戏",而是可以由所在剧团逐渐推向演出市场的"吃饭戏",有的剧目,如《琴笳赋》还被移植成了蒲剧剧目。还有的是经常演出的主打戏,也不是简单地宣传某种狭隘观念,更不会追求一时的新鲜和热闹,而是从某种程度、某种意义、某种角度出发,为表现深邃社会人文价值和普适价值而做出的不懈努力。如《平城赋》的创排,是张彩平艺术生涯的巅峰之作,回应了戏曲艺术首先要讲好本土故事的时代呼声,体现了戏曲艺术为"城市经济转型"服务的大局观念,解构了古都大同与北魏王朝的辉煌历史及其后世影响,给当今社会提供了不改革走不远、不反贪无出路的历史经验,实现了思想性、艺术性、观赏性三方面的高度统一。

——有美好的文运寄托。张彩平擅长演出正剧、悲剧和文人戏,是业内外的普遍共识。《琴笳赋》中的蔡文姬是文人,自不必说。而《平城赋》中的冯太后,也是"文人"底板,只不过是增加了政治家的人物气场。就连《王宝钏》中的王宝钏、《血手印》中的王桂英、《卖苗郎》中的刘惠英、《才女风尘》中的李素萍、《玉堂春》中的苏三等,都带有浓郁的"文气"。头面之精细、妆容之素雅、身段之柔美、内蕴之神奇,不仅在同龄演员中独树一帜,而且给人塑造出来的都是守诚信、讲道德、敢作为、有灵魂的人物的感觉。看似演绎着一曲又一曲女性悲歌,其实是对女性不畏艰难、不惧邪恶、爱恨分明、有冤必伸等抗争精神的艺术绽放,更是对中华民族优秀传统文化的凝练提升及其民族精神的宏大张扬。"文运同国运相牵,文脉同国脉相连。"意志坚定,神形合一,是张彩平表演艺术的核心要素,张彩平积几十年之基本功,其表演艺术已然赢得了业内专家和观众朋友的广泛认同。

4. 艺无定法

张彩平的表演艺术，是逐渐积累起来的。

努力向前辈艺术家和其他剧种的优秀青年演员学习，演自己擅长的，演适合自己的，演自己新创的，是张彩平走向艺术成功的路径。

回看张彩平从艺以来演出的剧目，艺无定法应该是其核心内容。

循法守正 艺无定法，不是不要定法，更不能机械地理解为抛弃定法。前已述及，欲达到艺无定法，还得必须从循法守正做起。尤其是对待戏曲艺术的一些基本规制方面，更要加倍尊崇和恪守。如对待行头穿戴、头饰妆容和舞台效果等具体艺术标准，就不能随性而为。越是尊崇和恪守规制，才越有可能跨越到"艺无定法"的艺术境界。

长期以来，从方方面面都能感受到张彩平十分重视青衣行当基本范式的长期打造。她的妆容，始终保持着严谨、规范、正宗、大气的艺术风采。

在张彩平前期的演出中，很长时间是她的老师刘林凤给她包头、穿戴。后来是她自己包头、穿戴。哪怕一个泡子粘不对，也必须摘下来重粘。关于行头，尽管剧团有安排，有时候也会有条件限制，但她对行头颜色、花色与合体不合体，都有自己严格到近乎苛刻的标准。

张彩平（右）与老师刘林凤在一起切磋技艺

什么角色，就是什么装扮，从来也不允许自己有一点松懈和错误。

众所周知，一个青衣演员，先放下能不能塑造好故事人物这个问题，首先做到的应该是把行头穿对、把头饰扮好，一出场就让观众看到最闪亮、最标准、最得体的身姿与容貌。尤其是演出传统戏，不能随便打乱传统规制，随便由着性子瞎胡"创造"，必须恪守老艺人留下的"宁穿破、不穿错"的训诫，唯有这样对待舞台和观众，才是在传播优秀传统文化，否则，就是在误导观众，偏离了基本的艺术要求和约束。

张彩平在《血手印》中饰演王桂英／现场演出照

那么，青衣行当的基本范式是什么呢？一是端庄；二是大气；三是腔好。有了这三条，就能算是差不多的青衣了。如果让这三条成为艺术表演习惯，再融会贯通并和谐自如地运用到剧目创作和人物塑造上，没有刻意表演，不留人为凿痕，自然就成了观众心目中的艺术家了。

这里的"端庄"，指演员出场后的体态，四个字"不摇不摆"。即使剧情需要表现饰演角色的身段，也会是随着人物情绪的变化、音乐节奏的配合，做出有利于创作身段的适度动作。优雅、舒服、养眼、入法，是人物端庄的基本要求。

这里的"大气"，指演员表演时的气质，也是四个字"内韵深厚"。气质不是颜值，颜值好，不一定有气质。气质需要艺术积淀，需要情绪过滤，是演员对饰演角色内在心理活动的外在表现，包含了个人修为、品德、言行、表情等多个特征。

这里的"腔好"，指演员唱开后的乐感，还是四个字"悦耳动听"。尤其是演唱成套大段唱腔，快慢自如，可以不带任何喘息，不会因为唱词多、用时长，出现些许疲音、破音、岔音、失音等问题。其中，口型张合的状态，也是保证乐感的重要方面。

尤为重要的是体态、气质与演唱，三者必须有机结合，最后才能塑造出直抵观众心仪的舞台人物形象。即使是悲情戏，也一定是在妆容上干干净净，饱含戏曲美学成分，而不能嘶吼啼哭，五官错位，号啕不止。

回看张彩平在其代表剧目中塑造的每一个舞台人物形象，特别能体现出上述理解和定位。她的妆容与身段，尤其是人物气质，堪与国粹京剧的一些名家大腕相媲美，而且在某些时候，还要表现得更为突出。

矩而不拘 矩而不拘，既是咬定传承不变和坚持循法守正的延伸，也是艺术追求到一定阶段的结果。走向矩而不拘，需经历两个阶段。

第一阶段，循法守正，做好对从行当的传承；第二阶段，矩而不拘，因人物塑造的不同，做出行当变革。

不管是第一阶段，还是第二阶段，都需要有清醒的认识。那就是戏曲就是戏曲，它不是话剧，也不是歌剧，更不是舞剧。戏曲声腔与唱歌也有本质不同。可以彼此借鉴，但必须要融会贯通。而且要以服从人物塑造为第一要务，摈弃任何脱离剧目内容和脱离人物性格的舞台行为。

张彩平从艺40多年来，先后主演或参演过大小剧目30余部。不管是什么行当，她都要求自己，严格按照戏曲行当设置完善自己的艺术养成，特别注意规避行当之间你中有我和我中有你的现象，禁止出现戏曲行当标准上的任何偏差。

从张彩平的艺术表现可以看出，戏曲演员从事艺术工作，首先要清醒认识行当划分，尤其是在刚起步时，必须规范学习。但是，发展到一定阶段时，就不能完全僵化对待了。在一定程度上，需要按照剧目内容和剧中人物性格，进行多种行当的舞台实践，还可以略微将几个行当糅在一起进行人物塑造。

张彩平不喜欢在艺术创造上与人争辩，也不喜欢把自己的艺术感悟强加于他人。她说，艺术追求方向不一样，得到的艺术感悟就不一样。一个

《平城赋》剧照 / 张彩平饰演冯皇后

人有一个人的艺术认知和艺术态度，无论是对待同事，还是对待学生，只能婉言喻之，不可笼统喻之。

一人多面 戏曲演员与话剧、影视等其他文艺形式的演员一样，其任务是体悟人物和塑造人物。即体悟和塑造故事中的那一个人物。

过去的戏曲老艺人把它归结为"变人"，现在也可以理解为"化人"。就是演员登台以后，去掉演员自己的容貌、性格、外形、气质等特征，"变成"或"化成"所饰演的舞台角色。其中，一个很重要的问题，就是能不能做到"变"或"化"，是多人一面，还是一人多面。

在张彩平的艺术人生中，始终有一条主线，就是演一个是一个，演一个像一个，努力做到饰演角色的舞台形象一人多面，不可雷同。

也许是天赋使然，也许是基础扎实，只要给她角色，她就能自己把角色揣摩个八九不离十，而且化好妆登台以后，呈现出来的一定是故事中的那个人物。

从张彩平的艺术呈现看，欲做到一人多面，"入戏情"特别重要。即，接到剧本时，不能忙于马上就进入紧张的创作之中，而应该用足够多的时间，去认真熟悉剧情、熟悉自己要饰演的角色、熟悉故事发生的时代背景和文化背景，还要熟悉故事结构、矛盾冲突、舞台说明、戏文唱词以及剧中其他故事人物的关联情况。如果是做主演的话，还要熟悉与剧中其他故事人物之间的社会关系或家庭关系。提前给足塑造人物的各种心理准备，是保证新接演角色与已演过角色不会雷同的关键所在。

在这里，"入戏情"不是概念，而是演员塑造故事人物的基本态度和职业操守，是具体的艺术表达与艺术标的。

张彩平在《平城赋》中饰演冯太皇太后

此外，一个戏曲演员能不能在舞台表演上"入戏情"，也牵扯到演员类型的划分。一般认识，分为本色演员和性格演员。本色演员是依靠自身的心理、相貌、体态与剧中的饰演人物对接，完成人物塑造，这种对接不需要刻意表现，就能完成任务。性格演员是改变自身的心理、相貌和体态，依靠对饰演人物性格的充分理解与把握，用饰演人物应有的眼神、手法、步态、气质等，完成对饰演人物的形象塑造。

在戏曲行业，本色演员兼有性格演员能力的相对偏少。张彩平恰恰兼而有之，不仅促使她在塑造故事人物时，有效实现一人多面，而且作为一条艺术成长经验，凸显出了她在舞台表演上的艺术优势。

自如张合 随着时代的向前发展，多元文化及其多种艺术形式不断引发对戏曲艺术的重度冲击，加之舞台科学技术的不断跃升，都为戏曲艺术创作提出了新的要求和任务。特别是"文旅融合"的社会命题与实践，也在考验着戏曲艺术的生存能力与发展状态。传统戏怎么改编，新编历史戏怎么创作，现代戏能不能去"程式化"，都是摆在戏曲工作者面前的重要课题。

对此，张彩平走了一条采用"自如张合"来塑造新创人物的路子。

何为自如张合？就是在同一个剧目中，尝试由小旦到青衣，再到老旦的表演，突出表现在新编历史剧《平城赋》里的宫奴冯雁、冯皇后、冯太后、冯太皇太后一个人身上。这个角色年龄前后跨度40余年，经历了北魏"三朝"历史演进。饰演者张彩平实现了人物性格及其成长经历的戏曲行当过渡，在短短的两个小时内，对饰演角色的故事演绎，进行了非常成功的尝试。尤其是进入老旦时期的舞台人物形象，糅进了部分须生的气口和道白，对北路梆子和张彩平本人都是一个全新的突破。

张彩平在《平城赋》中饰演冯太后／现场演出照

自如张合，还在于声腔、念白、表演、情绪等前后的一致性和连续性，有意识地增加舞台节奏与人物情绪的厚重感。而这种厚重感，也是需要先从心理上做好各种精神准备，然后实现相由心造，内化于外。

自如张合，还包括关注音乐、创腔、舞美、灯光等发生的一系列变化。还有在人物造型、服装选配与头饰包法等方面的新式改良与改变。即让戏曲艺术进入新的创作天地，而且是历史上从未有过的新的创作天地。如，水袖没有了，衣服宽大了，头饰不别泡子了，等等，很多变化，都得接受和尝试。

表演艺术的自我约束与革新，本身就是一对矛盾体。艺无定法，本身就是一个变革。它们之间，既对立，又有联系，只是需要演员在接到剧本与角色之后,做好各种创作路径的优生与优选。不论长短,优秀的艺术,一定是要出演适合自己的剧目与人物,学会扬长避短,否则,就会走了艺术创作的弯路,也收获不到应有的舞台艺术实践效果。

《平城赋》剧照 / 张彩平饰演冯太后(右二)
刘文海饰演拓跋子推(左一) / 闫玲饰演拓跋弘(左二)

其实,约束是为了更好地继承,革新是为了更好地发展,如何实现二者之间的有机转化与融合,才是戏曲艺术向前发展想要的最佳创作成果。

个性追求 山西省戏剧研究所副编审赵欣曾在《神形合一满堂彩——第二十届中国戏剧"梅花奖"演员张彩平》一文中谈道:所谓艺术上的成熟,就是演员能够娴熟自如地运用自身的创作材料,使用本剧种的各种艺术手段,创造出"神形合一体"(李渔语)的舞台艺术形象。可以说,没有创作个性的演员,决不能成为一个成熟的演员。

文中还谈到张彩平在表演上的三个特点:第一,不以程式化束缚人物形象的塑造,追求生活化、真实化的表演风格;第二,善于洞察人物的心灵世界,捕捉人物内心矛盾,用优美动听、婉转多变的唱腔去塑造人物的音乐形象;第三,善于塑造悲剧的艺术形象。

从张彩平演出过的主要剧目分析,在塑造北路梆子戏剧人物方面,有许多与历史舞台不一样的开拓与创新,突出感受是极具个性艺术追求,既传承历史精华,又不走历史老路,总会呈现出一种全新的主题思想与人物情态。所有演出剧目,几乎全部经过了整理改编或新创新编,并展示出如下六个方面的个性艺术追求。

一、注重塑造传统妇女的优秀品质。如《王宝钏》里的王宝钏,这是一个诚信至上、敢爱敢恨的角色,虽然出身名门,贵为千金,却从骨子里抵触言而无信和反感嫌贫爱富,宁可与父亲击掌决裂,走出相府(富足)之家,去过住寒窑、挖野菜的贫寒生活,也要对自己选择的爱情与爱人忠贞不渝,守节苦等一十八年,最后终于迎来了人生幸福的大结局;又如《血手印》里的王桂英,原本有着十分美好的婚姻向往,却在一夜之间,风云突变,未婚夫竟然被冤判为杀人凶犯,二八少女,哪里顾得上封建礼教与少女颜面,一路小跑,追赶到了行刑法场,一边数桩,一边寻找,跌倒无数,哭泣无数,终于与未婚夫得以相见,表达了"生虽不同衾,死要同穴栖"的崇高境界;还如《卖苗郎》里的刘惠英,在丈夫进京赶考后杳无音信,家乡恰遇大旱,颗粒无收,婆婆饿死在草堂之上,公公因为生病与饥饿,奄奄一息的情况下,竟然背着公公把亲生骨肉"苗郎"给卖了,这才换来一些度日的救命食物;再如《三娘教子》里的王春娥,整日机杼不停,勤纺织、苦节俭,一心盼得前夫和前妻留下来的儿子好好读书,也好鱼跃龙门,为国效力,但怎么都想不到儿子会在学堂里听到闲言碎语,逃学回家,挑起事端,用扎心的话语对待自己的乳母,但王春娥毕竟是守节典范,加之母爱无疆,一阵气恼过后,依然在老家人的规劝下,承担起了教子的任务。

二、注重塑造落难女子的抗争精神。如《风尘女子》里的李素萍,出身苦寒,卖了青丝,安葬了父母,又督促弟弟好好读书,励志成名,无奈的社会现实,让她不得不落入了风尘之中。若干年以后,亲生弟弟竟然会与有着冤情的李素萍在公堂上相遇,弟弟此时为官,因为受了贿赂,便肆意对李素萍百般折磨,打棍子,上拶具,十指穿心,弟弟的行径禽兽不如。就这样,也没有让李素萍屈服,而是迎来了义弟巡按,最后获得了平反和新生。又如《玉堂春》里的苏三,几次被转手倒卖,又遭冤屈,在解往省城的路上,哭诉于解差,相互认了"干亲",最后见到了自己的亲人,弄清了案情真假,严惩了杀人罪犯,自己也终于从苦难风雨中盼来了朗朗晴天。

三、注重塑造当代女性的青春梦想。如《绿叶情》里的叶儿,是一名当代知识青年,她有很多人生向往,偶然的机会,从自己出生的城市,走

张彩平在现代戏《绿叶情》中饰演叶儿／
演出录像截图

到了偏远山村,以打工者的身份,做起了家庭教师的工作。但现实生活告诉她,许多孩子失学了,村长的孩子是孩子,需要接受教育,而不是村长的孩子也是孩子,也需要接受教育。在叶儿的努力下,村长觉醒了,全村的家长也觉醒了,建设社会主义现代化,不培养有文化、有知识的接班人不行。最后,连她的未婚夫都来到了她的身边,支持她对偏远山村教育的人生选择与正确态度,唱响了一曲人人重视教育、人人参与教育、人人支持教育的青春颂歌。

四、注重塑造古代才女的情感纠葛。如《琴笳赋》里的蔡文姬,这位被后人尊奉为旷世才女的古代贤淑,父亲在她年少时就被朝廷杀害,而她又适逢战乱,颠沛流离到草原生活了12年,在妇随夫唱、相夫教子的同时,努力传授农耕、织布技术,悉心促进民族融合,颇受边塞人民拥戴。但是,谁能想到原本已经安定的生活,却被朝廷的召唤打破原有的秩序,是走?是留?问题摆在了她的面前。最后在国为大、家为小的思想支配下,与边塞已有的夫、子撕心裂肺地分离,无奈地回到了中原大地,带着满腔悲愤,日夜操劳,续写下了鸿篇巨制《后汉书》。舞台上的蔡文姬,死在了桌案上,死在了竹简旁,但她却给后世留下了千古绝唱。

五、注重塑造皇室女权的跌宕人生。如《平城赋》里的冯太后,历经三朝,从奴婢到皇后,再到太后和太皇太后,一次次挺身而出,改革旧制,推进民族融合,不断与保守势力进行无情的斗争,造就了北魏政权对中国北方的统治与繁荣,为后来出现的隋唐盛世打下了良好基础。舞台上的冯太后,充满了人生传奇色彩,为了稳定北魏政权和推进社会发展,废掉了亲生皇帝,严惩了亲生哥哥,在她看来,只要有碍国家制度推行,犯下律

第二章 艺术评介

《平城赋》剧照／张彩平饰演冯太皇太后

条不允许的行为，不管是谁，都会铁定铲除。由此，也就树立起了绝对权威，进而带领北魏政权走向了历史辉煌。云冈石窟在舞台天幕处的震撼出现，也有效地激发了外地观众对这一文明古迹的重新审视与旅游向往。

六、注重塑造官宦妻子的平民本色。如《廉吏于成龙》里的于妻，在自己的丈夫奉命远离家乡，无法照顾家中老人和孩子，包括无法照顾她自己的情况下，始终以"一介草民"家属的心态，全身心且愉悦地上敬公婆，下育儿女，独自操持着家务。她惦记丈夫于公的生活起居，感慨不能在丈夫身边帮助和料理；她也惦记丈夫于公的工作如何，会不会遇到麻烦，有没有什么不顺，但她懂得，只要不给在皇家一线工作的丈夫于公添乱，就是对丈夫效力国家的最大支持。即使于妻与于公在舞台上仅仅表演了用时不长的"梦会"片段，也给观众留下了贤妻良母、精明纯朴、勤俭能干、恩爱有加的美好形象。于妻"贫民本色"的塑造，与现实生活中的干部家属，无疑是一个很好的比照。借古喻今，不得不让观众想到，一个能够一心一意为国效力的男人的背后，一定会有一个类似于妻这样品性的女人。如若没有，就很有可能被妻子牵着自己陷入各种玩权及腐败的"泥淖"，先是狐假虎威，不可一世，后是面对天眼，只能是跟着锒铛入狱。

戏曲艺术弘扬真善美、摒弃假恶丑的教化育人功能，在张彩平几十

《廉吏于成龙》剧照 / 张彩平 饰演于妻 / 现场演出照

年的艺术人生中得到了充分表达。其中,是有一代代北路梆子艺术家们的精神遗产,但更多的是张彩平长期对舞台表演艺术的选择定位与自觉把控。对张彩平来说,凡是与中华优秀文化传统相悖、与社会道德违和、与中国精神不符的剧目,一律不排不演,这个"紧箍咒"一直拧得很紧,从来也没有松懈过。

在张彩平的认知中,想做一名优秀的戏曲演员,就要演有利于净化人们思想、能够引发人们思考和引起人们共鸣的优秀传统剧目。就是创排新编历史戏,也需要注重讲好历史故事,注重从历史人物身上挖掘现实教育意义。尤其是创排新编现代戏,更需要把握时代脉搏,回应时代呼唤,紧密联系社会实际,提炼出具有积极推广意义的现实题材。唯有这样,才能让古老剧种绽放出新的时代光芒。

5. 凿壁偷光

爱学习的张彩平，在雁北戏校学戏时，就是一名品学兼优的好学生，参加工作前后，高密度地遇到了四次决定一生命运的学习机会，随着年龄和艺龄的增长，她的学习热情丝毫未减，并把学习的重点放到了新剧目的创排上，经常主动找机会与其他剧种演员进行艺术切磋与交流。

2017年夏日，张彩平又一次得到了进京学习的机会。

入驻春晚 早在25年前，张彩平就与晋剧丁（果仙）派弟子武忠、梅花奖得主任跟心、张爱珍一起参加过山西春晚。其中，武忠饰演老生角色，任跟心反串饰演小生角色，张爱珍饰演青衣角色，张彩平饰演小旦角色，表演了一个根据《昌晋源票号》改编的《晋商之家》演出片段，时长13分28秒。

张彩平认为，这种演出最锻炼人，因为四大梆子要在一起糅和，形成一个完整的演出片段。排练时，就可以感受到其他剧种的声腔与表演吸引力。加之，北路梆子代表着一个剧种，要出现在全省人民面前，那就得狠下功夫。

莺啼上党 2009年7月21日，中国戏曲表演学会长治地方戏曲研讨会在上党召开。

来自全国各地的戏曲专家和"梅花奖"得主，针对地方戏曲的发展、文化事业的繁荣、地域文化的传承，从理论的高度和自身的经验出发，畅所欲言，从不同角度阐述和探讨了各地方戏曲的继承与创新中的经验与教训。

其间，全国18个剧种的18位中国戏剧"梅花奖"得主倾注献艺，为长治市观众献上了一台"梅花飘香"的精彩交流展演。

张彩平也参与其中。

参加会议的领导和代表集体合影 / 张彩平（二排左一）

南下甬城 2010年5月4日，中国戏曲表演学会地方戏传承与创新研讨会在宁波召开。

来自全国的知名戏曲理论家、教育家、艺术家，围绕会议主题，畅谈了创新与传承的关系，舞美灯光与演员表演的关系，剧目思想与观众喜爱的关系，吸收外来文化与保持民族个性的关系，等等。

张彩平又一次得到了极好的学习机会，并于当晚参加了在宁波市逸夫剧场演出的"梅花争艳、甬城飘香"专场晚会。

图片来自《中国演员》2009年第4期

参加会议的领导和代表集体合影/张彩平（二排右六）

走进洪洞 人民网山西视窗 2007 年 4 月 12 日电：十几个剧种同聚一县共唱同一剧目，这种开创性的戏曲表演在中国历史上还是绝无仅有的，4 月 9—11 日，京剧、晋剧、黄梅戏等 12 家著名剧种齐聚洪洞县，举行《苏三起解》会展演出。韵味各异、特色各具的不同剧种为广大槐乡百姓演绎了一道精美绝伦的文化大餐，让他们同时领略到各个剧种的独特魅力。整个演出期间总是一票难求，槐乡大地涌现出了一股久违的戏曲热。

这次演出非常隆重，几乎汇聚了全国所有演过"苏三故事"的地方戏剧种。

其实，从参加演出的演员去看，在演出现场彼此能与各个剧种的代表性艺术家见面，本身就是一个十分难遇的学习机会。

可以试想，同样一个剧目，同样一个苏三，一定会是不同的曲调，不同的人物渲染，它所带来的不是一般性的艺术见识，而是令人大开眼界的艺术滋养与艺术润泽。

张彩平不仅看到了"苏三故事"在戏曲艺术中的传播之广、唱法之多，而且，对北路梆子剧种演绎"苏三故事"的受众状态，也等于在槐乡做了一次实地检验。当北路梆子《苏三起解》演唱时，台底下看戏的观众情绪特别饱满，一段浓缩为 21 句 8 分钟的演唱，竟然引发了 6 次掌声。仅"玉堂春"三个字一出口,就是热扑扑的碰头彩。

2011年5月1日,延安的"开心老杨"在土豆网上传了演唱视频,留下了当年珍贵的演出资料。

演出结束时,黄梅戏程承、秦腔张宁、越剧王新宁、河北梆子彭艳琴、北路梆子张彩平、京剧张巧英,还分别对那一段脍炙人口的"苏三离了洪洞县",做了8分40秒不同唱词和声韵的"压轴"大联唱。

梅花集萃 2017年首届山西艺术节和2019年第二届山西艺术节,都分别举办了山西梅花奖演员"精品集萃"专场晚会,张彩平自然会在受邀之列。

第一届的专场晚会在山西大剧院举行。张彩平与张爱珍、武俊英、栗桂莲在《梅苑群芳》"青衣畅想曲"中亮相演唱了《打金枝》"劝宫"选段。

于小军在《戏友》杂志(见2017年03期)发表的《韵味山西/梅花溢彩 观"梅花奖"演员精品集萃晚会》一文中这样写道:每个人的演出都是精彩的,四个人的精彩便是加倍的精彩。四大梆子《打金枝·劝宫》可谓别出心裁,创意独特。《打金枝》是晋剧经典剧目,其中的"劝宫"一段更是备受观众喜爱。此次由四大梆子四位当代杰出的表演艺术家张爱珍、武俊英、张彩平、栗桂莲联袂演绎这段经典,不同剧种的四位青衣一同"劝宫",共同完成了一曲青衣畅想……观众只嫌它太短,听得不够过瘾。

(左起)张爱珍、武俊英、张彩平、栗桂莲

2019年10月1日、2日，第二届的专场晚会在太原市青年宫演艺中心举行。张彩平、孔向东、成凤英、杨红丽、武俊英依次在"唐风晋韵"版块中亮相。其中，张彩平演唱的是北路梆子传统剧目《王宝钏》中"旭日东升霞光照"选段，山西广播电视台公共频道《百家戏苑》栏目于2020年2月15日播出了张彩平的演唱。

他山之石　作为演员，张彩平十分清楚观摩学习的重要性。如果说，早期的观摩学习是为了提升自身艺术的话，那么后来的观摩学习，还包含了如何带团、如何创排新戏、如何激活剧种新的生命的学习内容。

北路梆子在山西四大梆子中，从诞生时间考证，仅次于蒲剧（蒲州梆子）。但是，从20世纪70年代开始，北路梆子的办团情况一直不容乐观，严重缺少蒲剧那样的每个县都有专业剧团的生存状态。真正坚持办团的仅剩下了忻州和大同两个地区。即使加上民营院团，也就仅有五六家之多。

张彩平觉着，如何扩大视野，让北路梆子传承发展得更好一些，不能少了观摩学习。不过，因为经费问题，她没有办法出去参加一些其他省市或者全国性的赛事、演出。但是，省内的一些集中性演出，只要北路梆子也正好参加，她就会抽时间去认真观看。

首届山西艺术节举办期间，她在观看蒲剧现代戏《老鹳窝》之后，对北路梆子剧种的人才培养，便开始有了新的紧迫感，她觉着育人、出人是

（从左至右）武俊英、苗洁、吴国华、郭泽民、张彩平、任跟心
观看蒲剧新编现代戏《老鹳窝》在一起

当下最重要的工作，唯有育人、出人，才有可能创作剧目，才有可能带动剧种的发展，不下剧的决心，也得下决心把一些青年演员迅速推向全省舞台。

百尺竿头　艺术家的水平决定文艺作品的高度，院团领导的水平决定院团发展的未来。

2018年5月14日，由国家文化和旅游部艺术司主办的第四期全国文艺院团长培训班在中央文化和旅游干部管理学院举办。培训班共有来自全国各地参加2016年至2018年全国基层优秀戏曲院团会演的参演院团93位院团长参加学习。

一周的学习，举办了3场主题报告、7次专题讲座、2次现场教学、2场观摩演出。可以说，这是一次全天候、封闭式、高强度的学习培训。

专家们的讲课有文艺政策方面的，有院团管理实践方面的，有院团艺术创作方面的，可谓视野开阔、经验独特、案例丰富、思想深刻，给本期培训班的文艺院团长们带来了一场戏曲综合知识享受。

在现场教学方面，主办方还组织院团长们外出参观了中国评剧院、中国戏曲学院。

由于已经决定《平城赋》参加2018年的全国基层院团汇演，为了准备得更充分一些，张彩平请假提前回到了单位，遗憾没能参加结业时的典礼。但是，这次学习显然是张彩平又一次较为全面系统的理论学习与实践学习。通过学习，她再一次感受到了理论学习的极端重要性。不进则退，是她参加这次学习的最大感悟。她不仅看到了其他剧种生机勃发的创作态势，也看到了北路梆子大有可为的剧种优势，只要抓住机遇，奋力拼搏，就能再出成果，再创佳绩。

一句话，百尺竿头，她想带着大同北路梆子更进一步。

张彩平（二排右三）参加第四期全国文艺院团长培训班开班集体合影

张彩平（前排右三）随学员集体到中国戏曲学院参观学习

张彩平（前排左二）参加培训班班会活动

6. 巾帼风采

一个优秀艺术家的打造，是靠时间积累而逐渐完成的。除去家庭教育发挥作用外，长期坚持个人文化修行和社会道德约束，也是很重要的方面。这个通行发展规律，在张彩平身上也体现得十分明显。

梨花吐蕊　2019年12月27日，以"凝思聚识、助力发展"为主题的"2019年大同市人大议政论坛"在御东行政中心举行，山西省委常委、大同市委书记张吉福、市人大常委会主任赵向东、市政协主席邵向华等四套班子领导出席论坛，市直有关部门和市政府工作部门的负责同志，各县区人大常委会负责人，部分全国省、市、县区人大代表等参加论坛。此次论坛共有10人发言，张彩平以文艺界唯一代表的身份，在论坛上做了"弘扬优秀传统文化，深化文旅融合发展"的专题发言。

会议结束后，张彩平感慨万分。她觉得，自己作为一个农民的女儿，由一名普普通通的戏曲演员，成长为一名省、市人大代表，并能在省、市、县区各级领导和干部面前，畅谈自己对文化传承发展及未来建设的意见，是

张彩平参加省人代会学习审议政府工作报告

多么值得珍重和爱惜的一件事情啊!何时曾经想过会在这么大的场合发言呢!归根结底,是党培养了自己,是党给予了自己太多的成长机会。不管是从事院团管理,还是做一名戏曲演

张彩平(前右一)在大同市戏剧家协会第四届会员代表大会上当选为新一届主席

员,如果没有党的温暖,没有一个备受关爱、关怀而稳定、繁荣的社会环境,就没有自己的今天。

求真务实 张彩平担任省、市人大代表之后,她把目光放在了戏曲剧种的优先发展上,放在了青年演员的优先培养上,先后几次向省、市人代会报出了关于亟须培养艺术紧缺人才的建议,引起了地方政府和有关市直部门的高度重视,都收到了很好的经济社会效益。

2012年,时任大同市委副书记、市长耿彦波,在繁忙的古城复建工作中,有一次乘电梯时,专门停下步子,听了张彩平关于北路梆子人才短缺、编制不够、到龄演职人员退休后不能直接补入新人等情况的汇报,立说立行,指示有关部门抓紧研究,解决事业单位人员编制12个。

2018年,时任大同市委副书记、市长武宏文,从张彩平的汇报中,了解到大同市北路梆子剧种传习中心空编16人,无法正常运转的情况后,经研究决定,年拨款90万元,解决了合同制人员工资发放问题。

地方财政拨款也较以往明显增多。仅《平城赋》一个剧目就划拨地方配套资金150万元。

共克时艰 2019年年底,新冠肺炎疫情暴发,在全国传播速度之快,

令人瞠目结舌、无法预料。

2020年1月20日,国家领导人做出重要批示,向全党、全国人民发出防疫抗疫号令,并做出了重要部署。

1月25日,山西省正式启动重大突发公共卫生事件一级响应。

随即,大同市委召开常委会议,对全市防疫/抗疫工作提出了具体要求。

这让张彩平想到了"非典疫情"与汶川地震和玉树地震发生后,她曾经带头参加过义演捐款活动。但是,"新冠疫情"不允许集体聚合,该怎么办?她便和班子成员一起商量,请剧种传习中心艺术总监刘文海执笔,快速拿出来一个唱段式戏曲作品,用北路梆子声腔声援武汉、声援全国抗击疫情。

张彩平/刘文海录制"众志成城/抗疫情"唱段

说干就干,张彩平鼓励刘文海连夜就写出来了唱词。第二天,就到录音棚录音,然后发到了剧种传习中心微信公众号,很快便被山西省文联网站、山西戏剧网等平台转发。

在张彩平的带动下,青年演员们也纷纷效仿创作,出现了"众志成城/抗疫情(二)"和"众志成城/抗疫情(三)"等系列作品。

同时,张彩平安排剧种传习中心微信公众号分期推出"云中赏戏"节目,以便于宅家的观众一边防疫抗疫,一边充实精神文化生活。

疫情防控期间,剧种传习中心演出人员不放松本职工作,他们抓紧时间挖掘剧种精粹、打磨经典剧目、创作新戏新曲,同时,还利用信息技术,在"云"端播演精品选段,在戏曲网民中弘扬传统文化。

第二章　艺术评介

经过连续多天的努力，2020年4月11日，完成并举行了国家文化与旅游部"名家传戏——当代戏曲名家张彩平收徒传艺工程《断桥》《行路》专项"汇报演出。

黄花欣荣　北路梆子（耍孩）新编现代戏《忘忧草》，是一出以大同市云州区唐家堡村有机黄花产业基地发展历程为蓝本，以振兴黄花产业为主线，反映剧中化名为张凤云的村支书，努力克服各种困难，带领村民共同实现黄花致富的故事。也是大同市北路梆子和耍孩剧种保护传习中心新机构运行之后，张彩平牵头组织创排并担纲主演的第一部大戏。

2021年7月12日晚，该剧在大同大剧院首演后，新华网、山西日报、大同日报、大同晚报等媒体均做了跟踪报道。对张彩平饰演张凤云在剧中的舞台表现给予了很多褒奖。尤其是张彩平在演唱中对声腔弱音的细腻处理，提升了北路梆子反映现代乡村生活的艺术表现力和感染力。

《忘忧草》的艺术特点主要有三个方面：一是迎合了时代主题，反映了现实生活，突出了走共同富裕道路的主题思想；二是地域特色鲜明，群众场面干净，并糅进了观众耳熟能详的一些土话和俗语，发挥了活跃全剧整

《忘忧草》演出照 / 张彩平饰演张凤云（前中）

张彩平在《忘忧草》中饰演张凤云

体演出氛围的作用；三是主要角色在剧中演唱北路梆子，一些配角和群演在剧中演唱耍孩，两种声腔在同一个舞台、同一个剧目出现，表现出戏曲艺术可供开发的新探索、新成果。

该剧的创排，是张彩平"巾帼风采"的又一次集中展示。当时两个剧团刚刚合并，顶着庞杂的行政工作压力，先后七易其稿，在创排资金有限的情况下，最终搬上了舞台。并通过参加大同黄花丰收活动月开幕式和深入云冈区、灵丘县等地巡演，受到了观众的欢迎。他们说："七月的大同，旅游旺季，黄花丰收，艺术助兴。三伏天这里依然清爽自如，白天采摘黄花，夜晚看《忘忧草》，真是太美了。"

第三章 剧目赏析

1. 断　桥

　　《白蛇传》的传说，源远流长，是家喻户晓的古代民间故事，传递着世界万物皆可"人性化"和"和合为美""邪不压正"等传统思想，给一代又一代人带来了放飞爱情思绪的多重精神享受和文化熏陶。靓男倩女，情意缠绵，生死不离，终成正果，成为人们向往的美好人生愿景。

　　该剧叙述的是在峨眉山修炼了千年的白蛇、青蛇，羡慕人间美好生活，遂化作凡女白素贞和小青来到西湖。游湖中，天降大雨，与许仙在船上相遇。"断桥"分手之时，白素贞与小青向许仙借伞一把，并约定日后奉还。一来一往，彼此顿生好感，白素贞遂与许仙结成佳偶，小青成了贴身侍女。法海和尚出于"护法"，深知白素贞与小青是蛇精修炼幻化成人，不断从中唆使和破坏。许仙耳根发软，听信法海挑唆，于端阳节用雄黄酒灌醉妻子，导致白素贞现出蛇形。许仙见状，魂飞魄散，僵尸挺地。白素贞酒醒，为救晕倒过去的许仙，孤身一人，去灵山盗来灵芝，救活许仙。许仙病愈，再次被法海诱上金山寺，白素贞偕小青到金山寺索夫，法海不放。白素贞被迫反抗，带着身孕，大战并水漫金山寺。许仙闻知白素贞与小青苦苦找他，偷偷逃离金山寺，与白素贞和小青在"断桥"边相见。小青恼恨许仙忘恩负义，欲杀不贷。白素贞面临分娩，忠贞不渝。遂一面哀怨许仙，一面说服小青，一同来到许仙姐姐家中，重整家园。法海闻讯又来破坏，小青无奈败走，白素贞被压于雷峰塔下。若干年后，小青搬来众仙，击败塔神，推倒雷峰塔，救出白素贞，方才报仇雪恨。

　　多数剧种演出《白蛇传》，一般分为"下山""游湖""惊变""盗草""水斗""断桥""合钵""倒塔"八折。

　　北路梆子《白蛇传》，一般不演"合钵""倒塔"两折。其中的"断桥"，是张彩平的成名剧目。

秀出班行　张彩平在《断桥》中饰演白素贞的出场，是按照传统叙事方式，先内唱："金山寺与法海一场恶斗。"随后，才背身观众，一边表现腹内疼痛，行路艰难，一边从上场口的三道幕后，情绪疾速而形体缓慢地走出来。

小青紧随其后，带着埋怨而愤恨难平的人物情绪，对着白素贞，唱出了"强饮药酒"的严重后果，也埋下了替白素贞打抱不平而绝不饶过许仙的"伏笔"。

白素贞则保持了对夫妻恩爱的纯真态度，表露出十月怀胎、一朝分娩的即将到来，顺势夹带着批评了小青对她的错解。

接着，是反复几圈圆场的表演。

张彩平遵循戏曲腿功和圆场程式的基本要求，由左到右，又由右到左，矮身、缩腰、站起、前行，极尽漂移步态，一下子就把白素珍腹内疼痛、行走艰难的人物形象给呈现到了舞台之上。

张彩平饰演白素贞做步态漂移时，在裙摆、水袖的配合下，看不到双脚在动，身姿也不会随着步态漂移显现出不稳，形成了恰如"水上漂"一样的艺术效果。

通过一阵圆场表演，即小青搀扶着白素贞走了一段路以后，白素贞提出来要速回灵王府，小青言称，那灵王府早已被天兵烧光了，建议前往"断桥"暂歇，接下来到底去哪里，再进行商议。

一听"断桥"二字，便又一次勾起了白素贞的内心伤痛，接着便是长达54句的大段唱腔。

张彩平通过一字一句的入情演唱，详细讲述了白素贞与小青游湖遇雨、巧获姻缘、恩深似海，许仙听信法海挑唆、屡屡上当，白素贞强饮药酒、许仙昏厥，不得已带孕灵山盗草、急救爱夫，还有到金山寺寻找许仙，无奈遣调长江之水和虾兵蟹将，与法海好一阵"水斗"的过程。

这时，许仙慌忙失乱地出场。

小青见状，先是怒狠狠地对其好一阵追杀，但终究还是被白素贞给拦挡了下来。

接着，白素贞又是整整40句的大段唱腔。

这40句唱词中，有对法海的痛恨，有对许仙的数落，各种人物情绪胶着在了一起。张彩平把握住了音乐节奏与声腔流线，无疑唱出了白素贞内心对许仙隐含着的深情厚爱。并向小青恳求说："青儿，念我跪前跪后，你将他饶了才是。"

白素贞在剧中给小青下跪的表演情节，在其他剧种

《白蛇传》剧照 / 张彩平饰演白素贞 / 中年时期

中不多见，张彩平演到此处时，表情复杂，腹痛难忍，加上她运用的吟唱方式，总能引起现场观众的自然共鸣。

《断桥》的演出，无论是音乐节奏，还是表演节奏，都把握得非常好，而能一出道就深谙节奏，正是编剧、导演、音创、舞美等老师对张彩平的艺术期待，张彩平做到了。

唱做双新　《断桥》的改编，发挥了北路梆子叙事精微细腻的悠长、戏文唱词通俗易懂的特点，方方面面都有着独特的戏曲意蕴。

音乐创作也紧紧跟进了社会发展步子，创造了一些带有音乐科研性质的新腔，借鉴、融入了晋剧、蒲剧与河北梆子的音乐元素，通过张彩平洗耳润心的深情演唱，使这折子戏很快就流传了开来。

"悲切切轻移步泪湿襟袖"是《断桥》中白素贞的核心唱段。

张彩平演唱这段唱腔时，继承了北路梆子青衣行当悠扬婉转、声腔连贯的基本唱法，较为准确地唱出了音乐作者设计这段唱腔的艺术内涵。该轻柔的地方，不放声大唱；该激越的地方，不破音嘶吼。对北路梆子的花腔使用和弯调发挥，也加入了她本人对故事人物的情感体验与演唱技法，唱出了与前辈艺术家不一样的韵律格调。

清音干板腔的适时介入，气声唱法的无痕运用，还有梆胡有节点的跳进跳出式独奏，包括唢呐、笛子或单独或混声伴奏等，均营造出了北路梆子鲜见的凄苦、娇美、清丽、幽香的声腔与音乐特色。在《断桥》中，张彩平演唱时的每一个音符，都如同活着的生命一样，附着在整个声腔之中，成功地塑造出了白素贞爱意缠绵、善良可心的舞台形象。

现在，假设不看现场演出，只听音频播放，都能让你感受到白素贞较为复杂的心情状态。被普遍认为是北路梆子恢复传统戏演出之后，较早对梆子戏音乐与声腔做出大胆改革并取得成功的优秀唱段之一。

北路梆子《断桥》的传统演出版本，一般都是沿袭青衣行当以静为主、重唱轻工的方式。特别是在演唱时，把重点放在了声腔与演唱效果的雕琢与抒情上，对表演则基本束缚在了舒缓场景多、紧张气氛少的表演框范内。

张彩平主演的《断桥》，却与传统演出版本有着开拓性质的改变和创新。在编导刘志强、刘林凤的设计下演出，重点增加了有一定难度的跌扑动作，剑飞舞起，剑落人闪，左挡右劝，膝步跪求等表演元素。而在这些舞台呈现中，往往又会以轻柔、周圆为主，目的是不失人物骨感和内在刚度，这就给《断桥》带来了许多新的艺术意境。

戏曲形体美，是青衣行当需要掌握的主要功夫。有包括腰身、肩膀在内的很多内在法则与技巧，讲究均衡、对称、圆和、协调、统一、整齐、对比等基本要素。仅一个人物指向，就需要完全符合舞台韵律和节奏要求，还得十分注意整个表演形体及其站位（正立、侧站、后仰、前倾、矮身、转身、后背）的立体化感受，并不差分毫地让饰演人物的表情与眼神等融入一个情绪之内。同时，还得讲究多种艺术表达在同一方向。

饰演人物的亮相，也是一个很要功夫的方面。如亮相与锣鼓经的配合，必须恰到好处，多一秒与少一秒，观众都会认为不恰当。尤其是亮相时，与饰演人物的头首高度、手指曲线、形体状态、表情气韵等，也必须注意协调一致，彼此之间，同样不能出现丝毫的裂痕与棱角。欲达到舞台人物的完美呈现，其难度之大，无法想象。

但是，张彩平恰恰在这些方面，提前下足了功夫，也领悟到了其中的艺术真谛，自然便在《断桥》的演出中，留下了许多研究学习的内容。

不矜不盈 北路梆子《断桥》是一个说不完的话题。

现在，网上流传有张彩平当年参评演出《断桥》时"实指望好夫妻白头相守"的演唱录音，清晰度和辨识度都很高，能感受到1982年参加全省优秀中青年演员评比演出时的舞台演唱魅力。

"实指望好夫妻白头相守"这段唱，可谓空前绝后，很难学仿学唱。

之所以有这样的认识，主要是因为张彩平的嗓子有先天优势，不仅纯净、纯清、纯正、纯雅，而且宽窄适度，高、中、低音都有，是北路梆子难求难遇的艺术人才。

2011年，山西广播电视台公共频道《百家戏苑》栏目在做张彩平艺术人生专访时，也有录制张彩平现场清唱"自从你金山寺焚香去后"的实况录像。

这段唱一共23句，先快后慢，也是十分的悦耳。

不矜不盈，是戏曲艺术的通行美学追求。《断桥》的演出，正呈现出了这样一个把控和效果。

此外，张彩平在《断桥》中的表演和演唱，也呈现出了"正好"的美学镜像。看似一个简单的"正好"，却恰恰是张彩平几十年来表演艺术的核心要素之一。她知道"多"与"少"对人物塑造及其艺术呈现的美学影响，以至于，其之后创作的其他剧目和塑造的舞台人物，都始终保持了这样一个艺术高度。

2. 血手印

《血手印》的故事内容渊源甚早。

北路梆子《血手印》的演出历史也很久远。

叙述的是北宋时期，王桂英与林照德青梅竹马，且两家已商定婚事。后因林家遇难，家道中落，王春华嫌贫爱富，强逼林家退婚。王桂英得知消息，与林照德约定，命侍女秋香深夜到花园暗赠银两，不料秋香被厨子皮赞图财害命。林照德按照约定，来到花园与秋香会面，黑暗中扑倒在了被杀死的秋香身上，双手沾满鲜血。林照德慌忙转身，回家叩门，带血的手印留在了自家的门板上。糊涂县令王清濂，便据此错判杀死秋香者为林照德，并将林照德打入死牢，准备择时处斩。林有安闻讯，满怀悲愤，前去法场祭桩。行路中，正好遇到也去法场祭桩的未婚儿媳王桂英和侍女梅香，误以为是儿媳嫌贫爱富，遂错怨、仗责王桂英。王桂英跪地向公爹说明前后情由，梅香也一起帮腔，得到了公爹的原谅，相行前往法场。正待行刑之时，经王桂英、林有安向刽子手和监斩官张府丞竭力喊冤，官员发现疑点，并惊动包拯过问提审，林照德获救。

现代演出版本共分六场。第一场"闺房"、第五场"行路"、第六场"祭桩"，常以单折独立演出。

变中出新　第一场"闺房"。

幕启，便是王桂英唱起的一段"近日来筹喜事全府奔忙，王桂英心花开满面春光"。一共24句唱词，发挥了戏曲艺术可高度凝练、概括的叙事特点，逐一道出了与林郎青梅竹马、两小无猜的欢乐童趣，夸赞了林照德心比金纯、德比玉亮的迷人风采，回味了效仿娶亲、假扮鸳鸯的烂漫天真，表达了婚姻明朗、常念不忘的真情实况。同时，反映了王桂英企盼着喜炮三响、出阁上轿的急迫心情。尤其是唱到"为林郎我甘愿身居陋巷，好夫妻又何惧粗布糟糠"一句时，鲜明地反映了王桂英蕙质兰心、冰清玉洁的人物性格。

早年时，张彩平在"闺房"一场的表演，还是按照青衣行当的传统演出路子走下来的。虽然剧本给王桂英

张彩平在改编演出本《血手印》"闺房"中饰演王桂英 / 现场演出照

编写的这段唱词，还有后边的两段唱词，分为几个情感片段，应该增加一些与唱词内容相辅相成的表演动作。但是，限于当时的艺龄与环境，主要还是学习传承的前辈老师的表演方式，没有做什么实质性的改动。多数时候，无非是通过水袖的舒展、收回，适当移动步态或做一两个转身动作，再加上一些面部表情，进行人物情感的抒发与渲染。

进入21世纪之初，为参加"梅花奖"评比演出，张彩平在导演徐春兰的启发下，才开始按照闺门旦角色，在行当上做了颠覆性改动。

南方音像出版社录制过一个演出版本。虽然录制的是张彩平进入中年以后的演出，但基本上能还原出她年轻时候对王桂英这个人物的深入理解和艺术张合。其中的花旦表演，明显吸收了京剧荀（慧生）派表演艺术的做舞优长，也借鉴了蒲剧王秀兰在"卖水"中的表演形式。其间，能看出来倾注了导演老师和张彩平本人的很多心血。

端庄大气 第五场"行路"。

"为林郎直哭到窗前大亮，出门来风雪狂天地茫茫。王桂英丧服行路

上,赴法场与夫郎祭酒祭桩。"啊呀,梅香,王桂英心急火燎,冒雪行走,跌倒在地,疼痛难忍……

这一段唱腔,以改编后流行的演出版本为例,一共37句唱词,先后用时23分钟。张彩平饰演的王桂英,虽然演唱得时而如怨如诉,时而泪水涟涟,时而紧张失乱,时而秋水盈盈,但是,她却始终注意到了戏曲美学与人物情绪的高度统一。不仅表现得身段优美、动作细腻,而且保持了一种难以描述的自然情绪,把北路梆子青衣行当历来端庄、大气的舞台做表,提升到了一个新的艺术境界。

此时,张彩平饰演王桂英的圆场(腿功),也在这一折中发挥到了极致。谁看了,都会因她呈现出来的舞台艺术美感而受到悦戏感染。

当年,张彩平已经是公认的北路梆子大青衣。在"行路"中,正好可以仗着年轻、俊美和声音、身姿优势,在步态移动、演唱节奏、身段呈现、情绪渲染等多方面,创造出很多拿人的新亮点。

每遇张彩平演出《血手印》,总是会满场人头攒动,现场被十里八乡前来看戏的乡民们围得水泄不通。

一咏三叹 第六场"祭桩"。

这折子戏也叫"法场",在全剧中用时最长,饰演王桂英的张彩平,也最为吃功。

张彩平在《血手印》中饰演王桂英／下乡演出照

其中"数桩"一段,又是前后50句唱词,用时足足13分钟。

张彩平演唱这一段时,使用了跳、滑、顿、连的发音方式,尤其讲究行腔、吐字的轻重缓急和清晰可辨,并在字句尾音的处理上，都拉得很圆润、很尽兴，成功地将北路梆子通常用来表现人物欢快活泼情绪的"花腔"变成了沉郁、幽怨、悲叹、激愤的音韵格调。还有一个特点是，人物情绪越紧张，她越会把声音收住；越气愤，她又会越把声音压低。这样一来，反而给观众营造出了更加符合剧情内容与人物性格的表演气氛。

《血手印》演出照／张彩平饰演王桂英（右二）／
李刚饰演林照德（右一）

此外，与前几场的演唱方式一样，张彩平对一些句子唱词首字的演唱，都是紧跟音乐伴奏往前逮着唱、叼着唱，甚至碰着唱、闪着唱，看似撞上了木头，却在人们的不经意间便又快速回到了板眼里面，往往让人听得心旌摇曳。这种演唱技法很难得，也很难锤炼出来。即使一唱到底，也不会有一点失误。

还有，根据故事内容和剧情铺陈，在舞台上摔倒又爬起来反复了好几次，张彩平照样能做到妆容如初，衣衫不散，形象俊美，声腔清亮。

北路梆子悲剧作品一般都是喜剧结尾，《血手印》的结尾也是如此。

张彩平饰演的王桂英唱道："天晴了，大晴了，适才间漫天茫茫风雪搅，现而今天开云散日头高。四望洁白光皎皎……"她告诉观众，林照德，终于在包拯过问下昭雪得救,也不冤枉我王桂英冲破封建阻力、撕开羞容、擅闯法场、数桩寻夫、疾呼冤枉的一番苦心。

每次戏散了,人们依然沉浸在《血手印》的故事情节之中,留恋着张彩平的演唱艺术,迟迟不愿意离开演出现场,表现了健康、正态的观演互动氛围,演员感动观众,观众感动演员,情景历历在目,常让张彩平激动得热泪盈眶。

3. 王宝钏

《王宝钏》是北路梆子优秀传统剧目，经过历代艺术家的加工整理和改进提升，已经成为当代演员每逢下乡演出或参加重要社会活动必演的经典保留剧目。

该剧叙述的是征西路上，薛平贵为防备二姐丈魏虎加害自己，遂化名为纪鹏，以报效边关。十八年后，薛平贵班师回朝，被封为靖边王，人称纪千岁。王宝钏扬眉吐气，回相府拜寿。怎知父亲王允以误传薛平贵已经战死为由，执意劝说三女儿另行改嫁，引发老夫妻二人当堂发生争吵。王宝钏烈性不改，且已经与薛平贵团圆，便向父亲再次表达了甘愿清贫和守节的态度。父亲王允不管不顾，非要三女儿改嫁。王宝钏万般无奈，假意应允，并由老将军穆洪出面"做媒"，将她"许配"给了纪鹏。为了惩治魏虎，薛平贵拽着魏虎一道进朝面君结束。

现代演出版本，由武承仁改编。在《王宝钏》给出的人物情绪上，王宝钏基本没有悲悲切切的成分。全剧结束时，其故事情节与人物表演合情合理，诙谐幽默，颇具喜剧色彩。

全剧共分"击掌""别窑""征西""探窑""回朝""拜寿"六场。其中，"拜寿"一场，最为吸引人。

光鲜照人　第六场"拜寿"。

一开场就是王宝钏迈着碎步，单水摆动或双水摆动，步态如"水上漂"一样，兴高采烈地上场。随后，用18分钟，共演唱了56句唱词，占到《拜寿》折子戏总时长90分钟的五分之一。这在当前的其他剧种里是一个几乎没有的演唱现象。

第一句"一脉青山披嫩草"和第二句"万里春风拂柳梢",张彩平饰演的王宝钏,演唱得十分欢快,给人一种"天开露日万物笑,苦尽甘来福自招"的人物感觉,似乎舞台上突然吹来了阵阵春风,花儿也开了,鸟儿也醒了,恰似花香鸟语、春光无限。

第三句"旭日东升霞光照"和第四句"满天愁云散九霄",张彩平饰演的王宝钏,则把整个演唱节奏放缓了下来,给人一种尽享旭日霞光、愁云散尽的感觉,而她又没有忘记曾经挑野菜充饥的艰难岁月。尤其是在第一句的词尾,特意与第二句断开,将北路梆子特有的"嗨嗨腔"改造为"咯咯腔",采用一个长节拍的"大甩腔",便匀匀地、悠悠地、轻轻地、笑笑地、殷殷地、时断时续地、有高有低地表达出了王宝钏苦尽甘来、扬眉吐气的人物心境。

其实,对这句唱,一些前辈艺术家,如"小电灯"贾桂林,还有赵翠英等,基本上做了曲谱定型,也就是说,开拓的空间几乎没有了。但是,张彩平在唱腔设计的曲谱点化下,熔民族唱法、美声唱法、通俗唱法于一炉,对其中的弯调做了许多技术性改变。即在保证其原有声腔流畅性不变的前提下,间或采用轻声、气声、真声、断声等演唱技巧,修饰了每一句唱词的演唱细节,增加了柔美、悠扬成分,改善了圆和、喜乐效果。在演唱到"满天愁云"需要增加一些力度的时候,又注意到了不绵软与不拖沓,促使整个演唱达到了"嗨嗨腔"转为"咯咯腔"/"大甩腔"声乐表达的最好效果。

在接下来的演唱中,张彩平饰演的王宝钏,随着唱词内容及其词意的绽放,一会如倾诉衷肠,一会像自言自语,一会又在描述薛平贵回到武家坡时"他将我上上下下仔细瞧,不由我心儿跳脸儿发烧",一会又替薛平贵屡遭迫害打抱不平地"我一阵喜、一阵恼、一阵担忧、一阵笑,百感交集情难描"。

这一段唱腔,除去滚白板式没有使用外,几乎用上了北路梆子的所有板式,成为北路梆子大部分青衣演员都在唱,并在票友和观众中流传最广的流行唱段。

第三章 剧目赏析

别出新意 "拜寿"中骂魏虎一段,同样十分诱人。

张彩平饰演的王宝钏,在处理这段唱腔的时候,极尽人物情绪夸张。她的主要演唱手段,就在于对每一个音符都糅进了人物性格。包括对恼恨、偷乐、掩饰、抒情、讽刺、挖苦、耍笑、舒心等内心活动的展示。对演唱节奏的处理,也是快慢相间、轻重有别,很多句唱词的演唱,如同前述一样,故意往前入"眼",似乎抢了四分之一节拍,却又会快速闪回到板眼里,唱出了别样的人物风情和艺术效果。

这段唱腔,时长九分钟,整整50句唱词。分为烦躁二姐规劝、讽喻二姐貌美、比照自己寒酸、表达自身洁白、鄙视二姐奢华、耍笑魏虎丑陋六个层次。因为唱词是按照对比手法编写的,所以在演唱时,就有了上一句"讽喻"二姐令人"羡慕"的富贵装扮与奢靡生活,下一句便会接着流露出"休道那松柏不如花好看""王宝钏的人品比你端"这样的心境。听到这些唱词,加上张彩平在演唱上的穿透力,自然会让观众为王宝钏"耍笑"二姐而开心。尤其是当她拉着二姐走到廊檐底下,指着二姐丈魏虎唱到"你把他上上下下、前前后后、左左右右、里里外外,二姐姐,你看一看,那是个古董玩器、少名无讳,真叫人稀罕"时,张彩平饰演的王宝钏,简直有着让人看着无法形容的气畅。

其间,还有一个特点是,直接改变了历史演唱这一段时,王宝钏表现出的恨和怨,也就是有时候在演唱中会让王宝钏表现出来咬牙切齿的情绪和音符。张彩平演唱时,却不这样处理,而是以一个胜利者的身份与心情出现的。在她饰演的王宝钏看来,恨和怨都已经不是眼下的主要问题。"别看你珍珠翡翠头上戴,绫罗绸缎身上穿,花枝招展多么

张彩平在《王宝钏》"拜寿"中饰演王宝钏(前右一)
调侃 / 奚落王银钏和魏虎 / 现场演出照

好看,十个人见了九个人喜欢",可你要知道,转眼之间,二姐你就会跟着自己待见的男子汉吃亏后悔呀,我王宝钏已经不必要再恨、再怨二姐你了。

张彩平饰演的王宝钏,就是这样轻轻松松,耍耍笑笑,通过逐层剥开人物情绪的演唱方式,让王宝钏在舞台上一会一会地拉一下二姐,然后分层次对二姐"奚落"一番,接着再"奚落"一番而完成的人物形象塑造。其中,最主要的是把握住了表演与演唱两方面的分寸感,因为对王宝钏来说,二姐王银钏毕竟与自己是同胞姐妹,如果在声腔控制与人物情绪上处理得过了,不只是会对接下来的喜剧结局带来影响,而且会让同胞姐妹本应有的情感显得轻薄和不义。

这些唱段和唱腔及其唱法,有些细节和上下滑音可能无法记谱,这正是"彩平腔"的精妙之处。

舞笑皆优 张彩平饰演的王宝钏,在身段和水袖表演方面,也从一定程度上达到了超越历史的艺术高度。在运用舒袖、收袖、展袖、落袖、搭袖、抽袖、甩袖、拖袖等一系列程式化的表演中,看不到有故意拿捏的成分,各种人物造型与站坐,包括圆场(腿功),均显现得十分自然和洒脱。

此外,在第六场"拜寿"时的人物笑容,也绽放出了多样变化。如真笑、微笑、窃笑、嘲笑、讥笑、耻笑、羞笑与娇笑等,都运用得养眼、耐看和恰到好处。

"拜寿"一场,张彩平在处理角色与角色情感交流时,也有很多可以看到的"流线性"表演变化。如与大姐丈苏龙打暗语;如耷拉着眼皮、抿着嘴去冷淡二姐王银钏;如背朝观众、面朝母亲的毕恭毕敬;等等。相由心生,在很多地方,都做到了无法想象的鲜活生动。她只用自己的袖子,慢慢地拂了几下被二姐挨过的胳膊,就立即刻画出了别看"妹妹我粗茶淡饭难饱餐",我根本对"姐姐一日三餐摆酒宴"还看不上呢!言外之意,你最好不用和我套近乎了。

北路梆子《王宝钏》最突出的是结尾部分的皆大欢喜。不像有的剧种那样,薛平贵做了皇帝,岳父王允遭到了罢免,二姐丈魏虎遭到惩处,还有一个"代战公主"要平分后宫,等等。实乃独行独善,可谓千古绝版。

4. 三叩门

北路梆子改编传统戏《三叩门》，源自优秀传统剧目《莲花庵》，主要截取了《莲花庵》全剧故事内容的后半部分。

该剧叙述的是刘秀英被继母与其弟陷害，夫君季文玉不问青红皂白，冤枉休妻，致使刘秀英出家莲花庵。公爹季世昌讨账回来，闻讯后即向儿子季文玉说明前因后果，并与儿子和孙子季宝童，一起来到莲花庵"三叩门"。恳请儿媳刘秀英宽容和谅解季文玉，为了小宝童的生活着落，还俗回家。刘秀英几经思想斗争，答应了公爹的劝慰，并抛弃旧怨，把留下继母作为还俗条件，塑造了一位刚强、贞洁、善良、仁爱的社会底层的妇女形象。

该剧由关一舟、梁兆玉改编，王怀亮导演，张国才作曲，赵存锁司鼓，王厚操琴。

张彩平饰演剧中主人公刘秀英；刘建寅饰演季世昌；马甫先饰演季文玉；谭秀兰饰演季宝童；王志芳饰演老尼姑；王茹珍、关继兰饰演小尼姑等。

技艺娴熟　北路梆子《三叩门》，剧本结构严谨，故事人物集中，叙事复杂，情节却相对简单，用时60分钟。剧中几个角色的不同人物情态，凄苦悲怆，各有难处。

张彩平饰演的刘秀英，在公爹、丈夫、儿子"三叩门"的过程中，根据剧本给出的演绎方式，安排了许多"哑剧"表演。这种"哑剧"表演，恰恰给张彩平展示表演才艺与宣泄人物情绪提供了二度创作条件。

即，观外凄苦地央告，观内伤心地落泪；观外几经悔错哀求，观内依然不愿意开门。这时候，张彩平饰演刘秀英的人物情绪，达到了难以控制的痛苦顶点。

但是，她却成功地把握住了人物表演时态上的"度"，不紧不慢，不刚不柔，虽是"哑剧"，却胜似有言。尤其是在儿子季宝童"叩门"闯入之后，刘秀英有一个围着供桌躲闪儿子追闹，然后跨步"上桌"，随即又翻身"下桌"的"蹿桌"表演，不仅动作敏捷，而且规范干净，能看出来张彩平驾驭这些基本功的娴熟本领。

戏情生动 该剧在刘秀英还俗不还俗的思想斗争中，张彩平也表演了许多独立的舞台形体动作，给观众看到的都是凄美苦情，能呈现出逐层有戏、逐环生情的人物造型。虽然内心的思想斗争非常激烈，集聚的人物情绪比较复杂，但身段与妆容始终保持着规整不乱，考验了张彩平用情感打动观众的艺术表现力。

这部戏的难点，不在刘秀英还俗不还俗的"三叩门"表演过程上，而在张彩平由过往饰演公主、千金、小姐等舞台人物，突然去饰演一个投观念经的"尼姑"，让张彩平在揣摩和体验"尼姑"人物性格及其身姿与表情上用了很长时间。

如面对没有任何唱词和念白的人物场景，需要按照人物情绪的节点与节奏，分解好刘秀英的每一个形体动作。否则，就会成为与观内供奉的那些个无情无义、无血无肉的"泥胎"一样了。同时，也需要分层把握人物情绪，在没有出现"三叩门"之前，促使刘秀英从内心到外形，都做到彻底安静，并且安静到没有任何表情，虽然不至于到了冷若冰霜的地步，但也必须是接近忘却所有的状态。

而从进入"三叩门"之后，张彩平便需要立即激发出刘秀英内心的波澜起伏，创造出一种不痛不行、欲痛无门、不哭不行、欲哭无泪的心理挣扎，进而形成"尼姑"与俗人之间的强烈反差。

暗下苦功 重视从横向音乐中吸收养分，是唱"苦情戏"的重要方面。归纳起来，全剧主要突出了以下四个反复体会：

一是反复体会其他剧种的音乐制式与音乐效果，以及中心唱段的板式结构与声腔音韵，并将其备足功课，默记于心。

二是反复体会其他剧种中刘秀英音乐形象的不同特点，比较刘秀英在不同剧种中的演唱方式方法，尤其是彼此之间的不同优长，为什么此处低回，为什么此处高越，为什么此处断开，为什么此处接续，尽可能做到心领神会，便于学习借鉴。

三是反复体会本剧种音乐作者和唱腔作者的创作期许，尤其是赋予刘秀英的情感抒发和性格冲突，在演员可以自由发挥的音乐节拍中，把从其他剧种得到的艺术启发融汇进来，形成新的悲情音乐色彩。

四是反复体会演出中的观众反应，反证横向吸收其他剧种音乐养分的成功与否。哪些可以坚持，哪些可以舍弃，哪些可以修改，哪些可以新创，等等。

创排的目的只有一个，就是塑造一个不同于其他剧种的人物故事形象，尤其是不同于本剧种其他"苦情戏"的全新人物形象。

推陈出新 这部戏较其他"苦情戏"所呈现出的不同艺术特点，至少有以下四个方面：

第一，音乐设计突破了传统音乐的家底，通过音乐改革，把"莲花庵"的那种特殊氛围设计和演奏得很神似，而同时又完全保证了北路梆子母体音乐的纯净与自然。

第二，唱腔设计秉承了声腔和演唱为塑造人物服务的艺术规律，体现出了老腔新唱、新腔有制的创作精神，几乎全部是以"慢板"抒情为主，听上去很动情、很感人。

第三，几位主演的表演和演唱都很有看点。尤其是张彩平的演唱，极具磁性和吸引力，字字句句，都能与人物情绪、故事情境相吻合。并让介于青衣和闺门旦行当的剧中人刘秀英，唱出了虽变身为尼姑却依然幽怨挠心的俗人情绪。

第四，服装设计与人物造型，符合故事规定人物与规定场景，灯光设计与舞台置景，同样跟进了一致的创作思路。

　　一句话，幕启，就是莲花庵与尼姑的特有生活氛围。

　　《三叩门》的创排演出非常成功。演出这类剧目，必须兼顾故事内容的连贯演进、舞台画面的简洁大气、演唱情绪的细腻逼真及其人物形象的完美呈现。这几方面，都较传统演出版本有了新的变化。

5. 卖苗郎

大同北路梆子《卖苗郎》的演出版本，由杨润岁、王怀亮、高鹏光导演，王厚作曲，张彩平在剧中饰演主人公刘惠英，刘建寅、李峰先后在不同时期饰演公爹周君汉，其他角色均由本团老中青演员分别担纲。

该剧叙述的是周文选进京赴考中榜，被招为丞相之婿。周妻刘惠英苦守贫家，奉老养幼，因荒旱灾害，婆母饿死，度日艰难。无法为生之际，一家三代进京寻亲，至途中难以支撑，刘惠英万般无奈，将爱子苗郎卖人，以致遭到公爹周君汉的误解和责打，不得已实言相告。周文选岳婿获罪被贬，周带着妻子野金凤返故里求生。苗郎成人得官，回乡祭祖，巧遇其父周文选。周文选为避官场是非，遂改名为张义。苗郎不知情，收他夫妇为仆人。不料，被刘惠英识破，告知公爹将他逐出家门。

全剧不加序幕，共分七场。其中，第二场、第四场和第七场为重头戏。

苦情苦演 在这部戏中，张彩平继续开启着对北路梆子"苦情戏"的艺术跋涉。

现在，从中央电视台戏曲频道（11台）录制的《名段欣赏》音像资料中，可以全方位看到张彩平饰演的刘惠英在妆容、身段、表演与演唱方

张彩平在《卖苗郎》中饰演刘惠英（右）/现场演出照

面的状态，还有用传统包头方法所产生的美学效果。

张彩平选择第四场演唱"天凭数日人凭良心"这一核心唱段时，是内穿紫色素花白色腰包，外加白色镶边黑色淡衫，面带愁容，跪在屋内冰冷的地上，用"平板"起唱的头句。唱毕，少气无力地提裙站起，左单水落袖，左单水收袖，接着才情绪低落而有节奏地完成了首句的长拖腔。

拖腔过后，借助走音乐过门，缓缓地转身，走到公爹周君汉面前，乞望在与公爹面对面的"哑剧"交流中，得到宽恕和谅解。谁知公爹坐在椅子上，用手里拄着的拐杖，朝地上一蹾，随即把身子扭过，表达出了对儿媳刘惠英的怨恨与不满。

接着，用平板继续缓慢地唱出"自从儿媳娶过门，一心一意度光阴"。而在演唱这两句时，专门重复演唱了一遍"一心一意"四个字，强调了自己在家中恪守孝妇的内心所想与真诚态度。接下来演唱"你的儿求官三载无音信"一句时，不仅对"你的儿"三个字加快了演唱速度，而且使用了北路梆子花腔中的"嗨嗨腔"，然后才又把演唱速度减慢了下来。

《卖苗郎》演出照／张彩平饰演刘惠英（左）／马启兰饰演苗郎（右）／现场演出照

这样一来，就真实地把积聚在刘惠英心底的苦水全部向公爹和观众给倒了出来。

从"奉二老养娇儿靠我一人"一句开始转入夹

张彩平在《卖苗郎》中饰演刘惠英（左）／李峰饰演周君汉（右）／现场演出照

板……

在长达 34 句的这段唱腔中,张彩平始终把刘惠英的人物情绪紧紧地控制在苦情苦诉、苦哀苦告的戏曲氛围之中,时而悲切地解释,时而恭顺地开导,时而无奈地表白,时而揪心地诉说,让观众不得不跟着她的演唱走进全剧的悲情故事中去。

关于包头,水纱勒得很紧,片子贴得正好,泡子不多不少,表现出了一副满满的传统人物韵致。

深入骨髓　观看影像资料第七场。

刘惠英面对多年没有音信,被"免了官乞讨乡里",领着后婚妻子野金凤回来的丈夫周文选,气不打一处来,分两次先后唱了 27 句,集中数落周文选升官忘本、不忠不孝、不仁不义、肮脏可气的丑恶灵魂与贼子嘴脸。

在这场戏里,张彩平主要是自觉摒弃了塑造舞台人物最忌讳的"情绪化""脸谱化"的问题,尤其是塑造生气状态下的刘惠英,更不能用简单化、概念化的方法去处理。

这个时候的演唱,看似速度偏快,平淡无奇,却很有演唱层次和道字节奏及其声韵特点,素净而敞亮地进行了刘惠英人物性格的充分渲染。

人物塑造,贵在内心有戏。对此,张彩平在饰演刘惠英时,从唱到表,均有着超强的艺术感染力。

需要观照的是,张彩平主演的《卖苗郎》演出版本,其故事情节与其他"苦情戏"剧目比较,没有用大团圆方式结尾,而是由公爹周君汉出面,直接拒绝了儿子周文选的认亲要求,此时的刘惠英被撤到了配演位置,让观众感到的是另外一种感受。

能不能深入人物骨髓,是一个演员能不能跨入艺术家行列的分水岭。张彩平从艺早期的舞台表现,就已经完成了这一跨越。而在《卖苗郎》中就显得更为突出了。

心路转换　刘惠英在全剧中的心理路程很复杂,是随着整个剧情铺陈渐进展露的。丈夫周文选进京赶考，杳无音信。自己苦守贫家，奉老养幼，因荒旱婆母饿死，度日艰难。无法为生之际，一家三代进京寻亲。至途中难以支撑，万般无奈，将爱子苗郎卖予他人，以致遭到公爹的误解和责打……

就是这样一个故事情节，剧中的刘惠英，饰演刘惠英的张彩平，都需要做好充分的人物性格把控。其中，是让公爹也和婆母一样饿死，还是将爱子换几两银子，接济病重中的公爹？天下女人心相同，割舍亲生比割自己身上的肉还痛苦，这种心路转换需要定力、需要格局、需要勇气，非一般女子所能所断。

张彩平的表演艺术，随着刘惠英心路的转换也自然出现了相应的舞台变化。如当儿子撕心裂肺地哭喊着娘、娘、娘……不愿意离去时，张彩平虽然没有让刘惠英恸哭号啕，却让刘惠英的凄苦容颜和弱音嗟叹，感动了无数观众。尤其是与田府家将的对白、对爱子苗郎的嘱咐，会让观众感动着流下来同情的眼泪。

6. 才女风尘

《才女风尘》是北路梆子的优秀传统剧目。

围绕剧中人李素萍（亦名陈三两）伸张冤屈的故事，许多剧种以不同剧名都有演出。而看北路梆子《才女风尘》，总有一种别样的艺术感染力。由张彩平饰演的李素萍，既有表演美学，也有人物美学，还有意境美学。整个人物悲情，不是哭哭啼啼地去感动人，而是让舞台上的李素萍，从人物骨子里就带着一股不惧邪恶、不怕生死、正义坦荡、顶天立地的精气神。这就给观众带来了看戏兴趣，也留下了深刻印象。很多人看过后都说，希望张彩平能把这部戏好好传下去。

地位卓然　北路梆子《才女风尘》，由王怀亮改编、执导，共分七场。

该剧重在揭露封建社会宦海无情、世态悲凉、姐弟陌路、同根相煎的腐朽与黑暗。同时，也通过演绎胞弟不认胞姐、义弟知恩图报的"黑色幽默"，塑造了一名才女风尘，被迫沦落妓院，然而她精进好学、出淤泥而不染、勇敢抗拒"官府"贪赃欺压的刚烈人物性格。从一定意义上，已然成为中华优秀传统文化中不信命本、寻求正义的化身。

全剧故事结构完整，行当配置齐全，是一出能够代表北路梆子音乐特色与演唱风格的悲情大戏。如闺门旦、小生、须生、老生、彩旦、二花脸等行当一应俱全，各有角色出任，且设计有两个小生、两个老生，也均有看点。加上次配演与群演等其他故事人物的巧妙编入，并在剧中各有故事任务，一下子就给观众营造出了水有源、事有头、来龙去脉清晰可寻、好人终得圆满结局的舞台气氛。

《才女风尘》的艺术地位，主要有以下四点：

一是没有凸显"陈三两"这样的花名,而是让戏曲舞台上习惯的"陈三两"在剧中以李素萍出现。淡化花名,可以扭转人们对风尘女子的固有认识(偏见)。

二是在张彩平演出之前,前辈老师就一直挂牌演出。张彩平的演出版本,既有继承,也有创新,体现了继承是基础、创新是灵魂的艺术创作规律。

三是音乐设计和唱腔设计,坚守传统配器方法,没有出现影响观众欣赏习惯的其他音符。

《才女风尘》演出照 / 张彩平饰演李素萍

由四大件充任音乐伴奏主角,代表了当代北路梆子声乐创作的较高水平。

四是从行当上给李素萍定位,应该是闺门旦角色,但从行腔上赏析,也有青衣成分,且稍靠花旦。虽然传统唱腔多,但却"嗨嗨腔"相对少。"大堂"一折的演唱,讲究人物与声腔的立体感觉。

曼妙唯美　从张彩平在剧中饰演李素萍的表演和演唱赏析,至少有以下两个方面的艺术特点:

一是张彩平的声腔艺术,悠扬、柔美、灵巧、善变,唱出了王玉山"水上漂"的余韵,唱出了北路梆子的特有艺术风格。悠扬时,像蓝天白云,音色纯清,不惊不慌;柔美时,似小桥溪流,音色统一,委婉缠绵。演唱时,往往会从"哎"字起音,然后由"嗨"字接续,中途又会表现得一闪一回,高低交错,一会飘入云端,一会一泻千里,柔肠百转,起伏变幻,十分曼妙。

二是张彩平塑造的李素萍,在扮相、妆容、身段、表演、情绪、气质等多个方面,显示出了她本人独有的艺术天然性,而这种天然性,看不到有些许刻意的雕饰，全部都是艺术的自然流露与真情释放，在一定程度上促使剧中的李素萍给观众留下了不媚不俗、高洁傲岸、令人信服的深刻印象。此时的李素萍，从身高体态，到声腔表演，应该是北路梆子舞台上形象最美的故事人物之一。

延伸悦戏　具体到全剧的情节构思与表演状态，可以从以下分场次赏析中获取相应感受：

第一场"祸从天降"，构思独特。设计了李九升（老生）、李旭升（老生）两个故事人物，而且同时出场，并一起到千岁府领取官凭。谁能料到会出现移花接木，好过了买官的李旭升，明坑了应该得官的李九升。宦官刘瑾虽然没有出场，却有一个叫贾桂的公公作为刘瑾的代言人，给观众描绘清楚了封建社会的官场黑暗与制度腐朽，为全剧的展开，拉开了诱人的序幕。

第二场"寺院拾金"，构思也很巧妙。李九升、李素萍（闺门旦）、李凤鸣（小生）、陈奎（小生）先后出场。李九升悲愤难抑，李素萍望天哀叹，李凤鸣拾金窃喜，陈奎因失金寻找了过来。李素萍捧热汤侍奉受伤后的爹爹李九升，并追问李凤鸣金子从何而来。李凤鸣希望用拾来的金子给爹爹李九升用以买官，李素萍坚持让奉还失主。失主陈奎登场后，叙述了家父被害的经过，知道了李九升与李素萍、李凤鸣都是被害之人。同时，李素萍坚持不让弟弟接受陈奎为让年伯李九升买官分出的一半金子，表现出了纯洁无瑕的操行品格。

从第三场到第六场，按照剧本给出的线索，分别演绎了李素萍自卖自身、掩埋爹爹李九升的尸体、敦促弟弟好好读书、力争考取功名、自己无奈堕入妓院、不受老鸨摆布、被富商垂涎骚扰、老鸨将其转卖富商张子春的故事情节。这些场次，都从多个侧面，一次次继续展示出了李素萍高洁不可侵蚀的人物性格。故事编得好、演员演得好，构成了清晰、流畅的舞台艺术画面。李素萍与弟弟的分离、张子春灵魂的龌龊、老鸨见钱眼开的歹毒等，都有很好的舞台呈现。

第七场"盘堂伸冤"，是全剧的高潮。此时，已是知州的李凤鸣，端坐大堂，接受了富商张子春转来的状子和贿赂的二百两银子，随后提审了被告人李素萍。跪在大堂之上的李素萍，怎么都没有想到，反复用酷刑折磨她"伏法""认罪"的知州大人，是自己失散 12 年的胞弟李凤鸣。李凤鸣也没有想到，眼前的烟花女子李素萍会是自己失散 12 年而一直寻找不到的胞姐。当真相被揭开的时候，已经一切都晚了。演到此处，官至巡抚大人的陈奎出现，通过与李素萍相认，并罢免了李凤鸣的官职，才给全剧画上了句号。

这一场很难演。主要是李素萍与李凤鸣有大段对白，一问一答，咬合得很紧。同时，还会不停地对唱成套大板唱腔，且环环相扣，也是咬合得很紧。李素萍的演唱，气势、气氛、气场、气量，都达到了一定高度，否则，就真会被演成了阶下"罪人"和"才女风尘"。张彩平不负北路梆子表演艺术家的盛名，在这一场中的表演和演唱，包括念白在内，都如同前几场一样，恰到好处地汲取了其他剧种的艺术养分和艺术精华，不慌不忙地为大家塑造出了一个有血有肉、落难风尘、奋起反抗、起死回生的风尘才女形象。

见凤鸣气得我五内俱焚，
心儿碎肠寸断欲哭无声……
日日想／夜夜盼，
谁料想今日相逢在公庭。
我落风尘保清白，
你做知州昧良心。
戴了乌纱学刘瑾，
贪赃枉法害黎民。
身穿蟒袍忘父训，
欺压弱女动大刑。
我骂你，
丧尽天良的败家子，
愧对长眠地下的老父亲。

张彩平饰演的李素萍，就是在这痛骂声中，把观众带入了气畅声强、言刚语烈的行腔走韵之中，带入了一句一板、一板一眼、板眼合规、唱法迷人的戏曲欣赏之中。

　　和谐、从善的戏剧结尾，也是该剧的一个亮点。

7. 玉堂春

北路梆子重新复排《苏三起解》时，采用了《玉堂春》的剧名。根据京剧演出版本，由王怀亮改编、执导，王厚设计音乐唱腔，张彩平在剧中饰演苏三。

叙述的是苏三被鸨儿作计，卖给山西商人沈燕林做妾，遭到沈妻嫉妒，欲谋害苏三。不料，却致沈燕林误食毒面而亡，苏三被诬告，定为死罪。苏三在被押往太原初上路时，老解差崇公道态度极为冷淡，并处处刁难苏三。行进中，苏三择机诉说了自己的身世和案情真相，得到了崇公道的同情，遂认苏三为义女……

好戏难演　《玉堂春》里的"苏三"不大好演。一是出身卑微，二是遭遇坎坷。全场悲悲切切、怜怜悯悯，火候演得过了不行，火候演得欠了也不行。

如在"起解"一折，苏三向崇公道诉说悲情的时候，是用试探口气和渐进手法，分几个层次慢慢表达出来的。哪些地方需要柔，哪些地方需要疾，哪些地方需要放，哪些地方需要收，都被张彩平掌握得恰到好处。

张彩平在《苏三起解》中饰演苏三

现在，网上流行的《苏三起解》，由张彩平饰演苏三，李培云饰演崇公道，只截取了《玉堂春》"起解"部分。即从洪洞监房提解苏三后，到解往太原重审的路上这一部分。集中突出了苏三沿路与老解差崇公道的情感交流与情感变化。

剧本改编尤为成功。一改老本重唱的印象，情节也较为完整，加之伴唱、道具、灯光、舞美等辅助作用，使得整个舞台效果呈现出了由悲到喜、互为怜悯的画质感，赋予了故事人物足够的妆容美、情感美和人性美。

完美呈现 张彩平主演的《玉堂春》折子戏《苏三起解》，是这样进行的舞台演绎。

幕启，先是四句女声伴唱：

玉堂春含冤囚禁洪洞县，

纤长指道道血痕印牢监。

蒙冤屈苦苦等待青天见，

春夏走秋冬尽又是一年。

伴唱唱得高亢凄凉，立即就把观众引入了将要开始的演出之中。

此时，天幕显现出监房墙壁上苏三用手指划下的一百零七道血痕，暗示着苏三已经在这里关押了一百零七天。

老解差崇公道持拐杖、刑枷上。随即，念出了大家非常熟悉的四句引子（亦称定场诗）：

你有名来他有号，

老汉名叫崇公道。

叫得公道不公道，

公道自有天知道。

然后，通过念白向观众介绍了自己去往监房的缘由。

一个剧种重新复排经典剧目，首先需要考验这个剧种在经典唱段上的演唱表现。"苏三离了洪洞县"一段就是这样的情况。由于京剧流传甚广，几乎大人小孩都会哼唱其中的几句。北路梆子整理改编时，在保持与京剧唱词大意基本一致的前提下，修改成了如下句子：

　　悲悲切切起了解，

　　双膝跪倒大街前。

　　未曾开言泪满面，

　　路过的君子听我言。

　　哪一位去往南京转，

　　与我那三郎把信传。

　　就说苏三薄命短，

　　来生结草并衔环。

首先是首句没有使用"苏三离了洪洞县"，显然展示出了北路梆子艺术家们重视恪守剧种个性与保持剧种特色的艺术追求。

张彩平饰演苏三演唱这个唱段时，注意了北路梆子音乐设计与唱腔设计的韵律感，在着力刻画舞台故事人物性格的同时，做到了所唱声腔的委婉与细腻处理，展示出了既不张扬，也不低迷的演唱风格。因为张扬不符合苏三此时的心境，她身戴刑枷，是祈求过往君子传话给三郎的，无论如何张扬不得。而低迷同样不符合苏三所蒙冤情的极度痛苦，她深深知道，她需要挺住、需要坚持，只有挺住与坚持，才有机会与三郎见面，才有平反昭雪的可能，所以，怎能让人物情绪低迷呢。

默契配合　艺术合作，是检验艺术修养的"试金石"。艺术合作，也是反映艺术成熟与否的显性标志。

张彩平饰演苏三在剧中与崇公道的情感交流具备这样的牵引能力。

一般讲，两个人的戏不好演，配合默契十分重要，唯有合力体现整体故事编排风格，在进行唱做的过程中，紧密保持彼此交流的连续性，才能完成苏三由恐惧、担忧、试探、有望的故事拐点和人物塑造。

前半部分的演唱，明显选择了缓慢、凄苦的演唱方式，并给梆胡、二弦、三弦、四弦等主乐器，留下了辅助人物形象塑造的表现空间，几次出现的独奏、合奏、变奏、重奏，都让观众感受到了苏三激愤而又压抑的情绪。

后半部分的演唱，特别是快要结束时的演唱，选择了在缓慢中插入快板，还有无伴奏清音以及"哎腔"与"嗨腔"相结合的大甩腔，都准确地表达了苏三当时的多重复杂心境。尤其是采用"跳跃式"跌宕与起伏多变的下滑音、上切音等演唱技巧，完美地营造出了山鸣谷应、余音袅袅的演唱效果。让苏三通过一环套一环地打动老解差崇公道的推进步骤，达到了高度的和谐与统一。

　　剧中的崇公道，是经过无情、同情、感情、亲情"四情"梯次演变，构成的全剧故事结构和人物关系。"四情"的展开与推进，符合剧本整理改编的初衷与要旨，抓住了崇公道的人物性格变化及其剧情演进过程，决定了配角表演必然也能达到一定的舞台美学高度，并顺利完成与主角的深度弥合。在剧中，崇公道一会恼怒，一会打趣，一会流出了眼泪，一会发出了笑声，也使得全剧顺利完成了剧本规定的做表任务。

　　尤其需要注意到，苏三与崇公道的对唱，特别的赏心悦目，而且，相互跟进、咬合的音准自然、严丝合缝。这也许正是剧作者整理改编《苏三起解》和音乐设计与唱腔设计及其主演、配演在演唱上循法得法的精妙之处。

　　《玉堂春》之所以能够流传至今，是因为它反映的是百姓生活，反映的是对人生命运的坚强抗争，冤屈终能得到伸张，坏人终能得到惩处。古往今来，已然成为经济社会的一条重要发展规律。

8. 绿叶情

北路梆子现代戏《绿叶情》，编剧李秀峰，导演杨润岁，音乐设计任新宁、韩瑞生，唱腔设计任新宁，剧中主人公叶儿由张彩平饰演，张栓根、刘美云、董鹤礼、马启兰、姬永清、李刚、刘艳萍、余帅、刘文海、周海燕等参加演出。

叙述的是一个叫叶儿的高中毕业生，得到了去偏远山村一个村长家里去做家庭教师的邀约。叶儿去了之后，却发现在经济大潮冲击下，有很多青少年，被愚智的家长引导，十四五岁就辍学回家，要么放了羊，要么做了矿工……为了把失学的孩子拉回到教室，并享受优质教育资源，最后吸引叶儿的恋人晓东也一起落户到了这个山村的故事。

《绿叶情》的出现，在一定意义上，代表了北路梆子现代戏创作的新风尚、新动态、新潮流和新成果。

布置匀整 《绿叶情》的故事引子是南山凤凰岭小柴棚村村长张拴根的二儿子明明与小女儿玲玲学习不好，与大儿子玉玉到城里寻找家庭教师，正好从市教育局看到了参加过教师资格考试的高中毕业生叶儿，便把录取通知书攥到手上，以月工资五百元的高额薪酬，把叶儿请到了山村。随着剧情的发展，特别是当叶儿活生生地看到小杏儿一门心思想读书，却因为家穷，得不到家长支持，最后寻死而失去了幼小生命的现实，叶儿的思想开始发生了变

张彩平在《绿叶情》中饰演叶儿／演出录像截图

化，她觉着人人都为了挣钱不读书，人才怎么培养，社会怎么发展，村长张拴根也顿时觉着自己太自私，算什么共产党员，算什么村长，并认识到咱们这么大的国家，搞"四化"建设，没有大批人才怎么可以，由此掀开了小柴棚村村长带头抓教育，叶儿留下来落实教育的新气象。

关于故事铺陈与人物拐点的构思，别出心裁，颇有嚼头。

一是设计了叶儿与晓东、玉玉与花花两对青年恋人。看似因为叶儿要到偏远山村教书，在公园与晓东不愉快而分手，半年多的失恋时间，结果是晓东到小柴棚村找到了叶儿，也要留下来一起发展教育事业。看似因为叶儿的出现，玉玉爱上了叶儿，冷落了花花，但结果是当玉玉得知叶儿依然与晓东保持着恋人关系时，得到了花花的谅解，两人旋即恢复了恋人关系。

二是设计了叶儿的思想变化，由想挣钱到反思挣钱，由关注教育对象到关注社会发展，由服务个体家庭到服务整个山村，由懵懵懂懂跌撞到山村从教到自觉自省一个教师到底要做什么，应该做什么，最后找到了体现人生价值的正确方向和发展道路。

三是设计了小柴棚村村长张拴根的思想变化，经历了由关心自己孩子成长，到处寻找家庭教师，到关心全村孩子成长，支持叶儿献身乡村教育事业的认识飞跃。

四是设计了放羊娃、小矿工、小杏儿等辍学少年读不成书的生活窘况，特别是设计了小杏儿因为想读书而读不成书、无奈走上不归之路的故事情节，使观众产生了与舞台人物一起哽咽、一起落泪、一起沉郁、一起奋起的强烈共鸣。

五是设计了小柴棚村村长张拴根妻子张六婶，虽然张六婶属于串场人物，却起到了支撑全剧相关故事情节的关键作用，在张六婶身上，明显设计了许多带有喜剧性质的唱念做舞。

以上构思，证明了现代戏也要走"生、旦、净、末、丑"的人物设置路子，需要突出主演位置，但不能刻意去搞"一花独放"。

笔翰如流　剧本戏文可谓一绝，仅从伴唱上即可窥一斑。

如反映叶儿去公园等候恋人时的伴唱："月朦朦，树朦朦，春夜公园烛影昏。情切切，意浓浓，好一个美景良辰。"

又如反映叶儿被恋人冤枉后的伴唱："恼走了娇娘，气坏了儿郎。年轻人相处都这样，一会儿风，一会儿雨，喜怒无常。"

还如反映叶儿第一次进山时的伴唱："丽日晴空金光灿，好一个三月艳阳天。穿过了一道谷，爬上了一座山。百里风光收眼底，乐坏了城里女青年。"

再如村民们看到叶儿来了后的伴唱："阳春三月暖融融，今日里小山村贵客临门。唱起歌，跳起舞，献给亲人一片情。三颗荞麦九道棱，海棠花红不过山里人的心。待客人讲至诚，割肉挖心不喊疼。"

这些戏文，不只是贴切地形容了故事场景，主要是听上去朗朗上口，具有一种青春浪漫的跳跃感和浓浓的乡土气息。加上音乐配器的助力，还有"啊""哎""哎嗨哎嗨哟""嗯哎哟嗯哎哟"等衬词的适时垫入，使人听上去非常地舒坦暖心。

剧本还使用了一些方言。如在戏文中写入了"熊样""营生""大红戳子""老伙计""搅稠稀""散你娘的脚（juē）后跟"等，插诨打科，营造出了朴实、亲和的舞台乡村气氛。

同时，还把谈对象，含蓄地说成"有情况""无情况""好情况"等不同结果，也拉近了与人民群众的距离。

把故事发生地写在了离城二百多里的南山凤凰岭，取村名为"小柴棚村"，似乎有一种略带陌生而又急迫想知道是什么样子的感觉。"凤凰岭"三个字，也会让观众联想到大同亦名凤凰城。

青春荡漾　全剧依"戏"而行，极尽青春气息，充满了欢快活泼、健康向上的舞台场景。即使是剧中人偶有不悦，偶有沉思，偶有悲情，偶有激愤，也用时很短，随即便会转入新的舞台呈现和舞台画面，并代入新的思想境界和精神追求。

幕启，天幕湛蓝，朦胧的月光，高悬天边，树影婆娑，远山远景，背朝观众，走出来了穿着粉红色衬衫、带着深沉思考表情的叶儿，仅68秒，算是序幕。接着，舞台变绿，一群身着绿色衣裙的小姑娘，跳着春舞出场，紧跟着后台唱起了"果儿香甜，花儿美好，唯有叶儿我少妖娆。无有怨言、无有牢骚，乐乐呵呵只把绿波摇。即便秋霜将我撕掉，一腔豪气也难消。但等来年雪化时，一点鲜绿将春报"。

这样的演绎手法，不仅在一开演就将全剧的主题和主角推到了前台，而且在一开演的瞬间，就抓住了观众的赏戏心理。

在那年月，该剧就采用了明暗场"梦会"的场景设计，在叶儿明场出现思想矛盾的时候，在暗场推出了恋人晓东对她的悉心劝慰，这种手法，显然是新颖的、超前的。

张彩平在《绿叶情》中饰演叶儿的艺术亮点很多。

"碧澄澄万倾天宇白云淡，淡融融千重雾霭锁群山。绿茵茵山坡幽谷桃喷火，拂扬扬村舍桥头柳施烟。林间黄莺啼声乱，溪边野鸭对头眠。布谷鸟声声催春晚，新燕衔泥箭离弦。蜜蜂争花闹嚷嚷，彩蝶儿恋春舞翩翩。香风习习醉倒了枝头鸟，流水叮咚痴迷了饮水猿。山野风光头次见，我好似笼中的鸟儿上蓝天。"这是张彩平饰演叶儿在前半场演出中的核心唱段，平板起唱，立即充满了北路梆子的优美旋律。尤其是各种板式与花腔，在随后的演唱中，恰当介入和适时跳出，都给人以一种新创、新奇、新颖、新悦之感，并且严格守住了北路梆子的母体音乐，传承了北路梆子的唱腔特色，是一个有感情、有温度、能传唱、可流行的优秀唱段。

后半场出现的"莫愁寒鸦哀柳噪斜阳""眼见得人死灯灭已无救"等几个核心唱段，结合特定的人物情绪，更是腔起调落，黏人耳鼓，既唱出了北路梆子善于抒发悲情的传统唱腔音乐，也唱出了北路梆子善于探索革新的新的音乐形式。

影响深远　《绿叶情》属于无场次"青春偶像剧"。

青春偶像剧，是从日韩引进的文艺概念，是影视产业尤其是电视产业发展到一定程度的别样艺术类型。主要以"爱的教育"为核心内容，以年轻人的生活趣味作为创作原点，以塑造青春"道德"偶像为基本目的，一般均蕴含着丰富的文化灵魂，体现出强烈的时代特征，传达着乐观的人生态度，强调的是主人公独立自主的精神与品格，有着"在造梦中寻求自我、在励志中确认自我、在爱情中磨砺自我"的显性亮点，其在我国的流行状态，犹如洪流般地冲击着传统文化固有的镜头画面，一定程度上牵动了新型文化和商业经济的广泛兴起，受到了青少年观众的热切欢迎和普遍追捧，也在逐步改变着中老年观众的传统思维和审美习惯。

根据专业学者研究的结果，国产电视剧"青春偶像剧"的肇始，是1998年出现的标志性电视剧《将爱情进行到底》。那么，怎么就要把创作在1991年、1992年的北路梆子现代戏《绿叶情》归入"青春偶像剧"的行列呢？是因为它对"青春偶像剧"的较早觉醒与较早实践，是戏曲舞台先于国产电视剧创作的一部成功的"青春偶像剧"。具体剖析，就是从故事情节到主题思想，从人物造型到艺术呈现，从戏文唱词到视听效果，皆符合"青春偶像剧"的学术界定。

本剧是北路梆子较早出现的一部具有现实反思、现实批判、现实改造、现实担当的优秀剧目，能在那样的年代，许多大人、小孩都像疯了一样地闯入商界，就敢于做出如此大胆的舞台创作与呈现，其精神实属可贵。尤其是对如何当教师，当一个什么样的教师；如何当村长，当一个什么样的村长，提出了艺术辨析，从主题思想到艺术表现，都值得给予高度评价。

9. 琴笳赋

北路梆子新编历史古装戏《琴笳赋》，既是张彩平"夺梅"剧目之一，也是张彩平艺术人生的一个转折剧目，还是一个时期内广为传播的流行大戏。其中的经典唱段，在北路梆子受众群体内，有着极高的声誉。

首先剧名起得就别有韵味。"琴笳赋"三个字，既能感受到"悲愤诗"与"胡笳十八拍"的余韵，也给剧目注入了含蓄隽永的诗化意境。一个"赋"字，好生了得，必然会给观众带来放飞赏戏思绪的想象空间。即使观众还没有看到大幕拉开，但只要往座池一坐，就能猜想出一定是反映文姬归汉的历史故事。

大漠情深 北路梆子《琴笳赋》，取材自"文姬归汉"的历史故事，却采用大张大合、苍凉悲苦的编剧手法，回放了蔡文姬在母子、夫妻难割难舍中的诸多人生无奈之情，彰显出了一个古代女性文人为了继承父业的豪气，勾勒出了这段历史中史诗般的风云变幻与人生的

《琴笳赋》剧照 / 张彩平饰演蔡文姬（右）/ 魏润平饰演左贤王（左）

不可预测性，进而真切地告诉观众，人生命运，有时候并不被自己所掌握，是抗争，还是服从，其实，面对历史和故人，哪个结果都一样。

编剧马彬，导演肖桂叶，曲配、指挥任新宁，司鼓郭德清、张瑞，操

琴孟怀军；不同时期，魏润平（李刚）、刘文海出任配演，艾志国统筹，由大同市雁剧青年团演出，大同市艺术学校学生助演。

全剧不加序幕，共五场戏。出场人物七位：蔡琰，字文姬，出场时年十八；左贤王，南匈奴王，文姬丈夫；曹操，汉丞相，后封为魏王；董祀，汉屯田都尉，文姬归汉后的丈夫；鹰儿，文姬与左贤王之子；琴儿、筝儿，文姬侍女。另有一人出场，充任蔡文姬舞台幻影。并分别用青衣、须生、花脸、小生、小旦行当配置剧中人物。

幕启，建安10年，曹魏大势已定，沧海之滨，碣石山下，海浪声中，曹操观沧海，想起来了"惟有文章千古事，如何教文采风流万世垂"；草原大漠，蔡文姬与左贤王夫妻情深，不仅育有一子，而且"教罢稼穑教纺棉，十二年育林林成片，十二年养蚕蚕吐棉，十二年苦心和胡汉，十二年反把草原当乡关"；为了继承父业，蔡文姬听任曹魏以金赎人，离夫别子，毅然含泪返回中原；在新夫董祀的帮助下，蔡文姬用"全部力量、全部生命、全部感情、全部心血"完成了汉书的续写，累死在了竹简案旁；"琴笳千古鸣"，讴歌了才女蔡文姬坎坷的人生命运和不朽的文化贡献。

此剧的创排意义，旨在通过综合运用北路梆子的各种艺术表现手法，在尽可能还原历史原貌的前提下，赋予古代人物新的正面力量，从曹操到左贤王，从蔡文姬到董祀，都是值得后人尊敬的先贤巨匠。

神形合一 当时，创排这部戏的目的很清楚，就是要通过演绎蔡文姬波澜壮阔的一生，为张彩平创造艺术展示的平台和机会，推动张彩平表演艺术的充分释放，进而接受业界专家和更多观众对其艺术状态进行阶段性成果检验。

全剧舞美简约，服装大气，灯光明暗结合，无论是参加中国戏剧梅花奖评比演出，还是参加山西省杏花奖·新创剧目奖评比演出，都给观众留下了深刻印象。

从张彩平来看，这是她从艺以来第一次接触历史"文人戏"。

蔡文姬是汉家女子，出场部分初为草原人，接近闺门旦行当；后面与左贤王在一起,要表演草原人的气息,逐步发生行当变化,不是青衣,也不是闺门旦,而是带些泼辣旦的成分;归汉时,显然需要接近话剧的表达方式,但又不能脱离戏曲艺术的基本框架。

随着几次携《蔡文姬》剧组参加全国、全省的大型演出活动,终于让这出戏达到了一定的艺术高度。

"传青史万古千秋金石鸣"是全剧的核心唱段。全段一共60多句,不仅叙述了蔡文姬"捧文稿心绪如潮连天涌,一捧文稿一段魂"的锥心疼痛,也叙述了蔡文姬

《琴笳赋》演出照/张彩平饰演蔡文姬/
马启兰饰演鹰儿

"继父志续文章重任刻我心,慰爹爹九泉冤魂"的凄风苦雨,还叙述了蔡文姬"娇儿呀,娇儿绕膝走,草原夫君更温存"的眷眷情深,更叙述了蔡文姬"大王呀,你为何放我走,小鹰儿你为何不拉住娘的衣襟"的追悔莫及,当张彩平唱到此处时,观众看着台上的蔡文姬哭了,竟然能被感化得让剧场安静到没有一点声音。

张彩平作为青衣演员,长期演出北路梆子传统剧目《血手印》《王宝钏》《卖苗郎》等青衣戏,饰演的都是端庄、正气的舞台人物。要么是贞节烈女,要么是贤德孝妇。表演以唱功为主,动作稳重,做表幅度很小。

此时,出演《琴笳赋》中的蔡文姬,虽然也是端庄、正气的舞台人物,但她是官宦人家的后代,是匈奴王侯左贤王的王妃,是被三国枭雄曹操和世人尊奉的一代才女。为此,全剧给蔡文姬设计了许多舞蹈动作,如在蔡文姬与左贤王轮唱"芳草情深"之前,就是一段开合度很大的双人舞蹈。张彩平除去很好地完成了这些做表动作外,还在蔡文姬台步的走势上,大胆进行了去程式化革新。

有时候,是女子的漫步。这时候,她会运用水袖和身段的配合,表达

出女子的柔情或沉闷；有时候，是王妃的阔步。这时候，往往是与左贤王一道出场，体现出王妃的身份与气质；有时候，索性是类如男子的方步。这时候，集中反映出蔡文姬在胡地生活了12年，免不了踏草牧羊、食肉饮酪、短衣长裤、胡服骑射，已然受到了地域文化及其社会环境的熏染。

至此，蔡文姬的多重人物性格，仅通过张彩平给出的舞蹈与步态，就足以达到了《琴笳赋》塑造蔡文姬舞台人物形象的创作构思。

烹龙煮凤　在张彩平的舞台实践中，《琴笳赋》先后形成了两个演出版本。一个是张彩平与魏润平合演的演出版本，即前期的"夺梅"版本；另一个是张彩平与李刚合演的演出版本，即后来的"夺杏"版本。无论是哪个版本，其剧本内涵、导演手法、音乐创作与人物构造，都是值得研究的方面。

《琴笳赋》剧照 / 张彩平饰演蔡文姬 / 李刚饰演左贤王

关于剧本内涵。一是编剧构思上的独特视角。蔡文姬是家喻户晓的历史人物，出身显贵，遭遇坎坷，被当权者作为工具使用，而最后忍辱负重，完成了汉史编修。如"夺杏"演出版本，改变了"夺梅"演出版本的叙事方式，没有一开始就让蔡文姬出场，而是只有一个很短的蔡文姬呼天喊地、哭祷父亲的序幕，接着最先出场的是曹操"观沧海"，并道出了"惟有文章千古事，如何教文采风流万世垂。只堪叹战乱连年人才凋敝，掌文坛玉柱金樑何处觅"的万般惆怅。接着董祀出场，曹操与其交流起来了"文章千古事，国之重典呀！"并引出来了曹操做出的"速备金货匈奴往，赎文姬，归汉土，继父业，著文章，文采风流继世长"的决策。

二是编剧落笔上的大张大合。每一场均体现出了戏曲艺术重唱、重念的特点，没有陷入婆婆妈妈、卿卿我我的烦琐情节之中，而是通过大段唱词、小量念白，采用正叙与倒叙的方式，把蔡文姬与左贤王和鹰儿、蔡文姬与曹操、蔡文姬与董祀的人物关系进行了高度浓缩。而且，始终没有让蔡文姬与曹操在舞台上见面，等到曹操与蔡文姬见面时，蔡文姬已是殚尽竭虑、写就汉书后的归天之人了。这样的结果，显然增加了人物关系之间的戏剧性，给观众留下了充分的想象与探究的空间。

三是编剧取舍上的合理安排。全剧的故事结构，既尊重了正史记载，也观照了野史传说，还参考了其他剧种同类剧目的相关内容，但更多的还是赋予了编剧自己的想象，使得蔡文姬、左贤王、曹操、董祀、鹰儿等成为一个故事整体。因为历史上蔡文姬与左贤王并没有婚姻关系，仅仅是奴婢与王侯的关系。但是，这并没有影响编剧的创作构想和思绪放飞，设计出了左贤王向蔡文姬求婚且幸福美满的剧目情节，为蔡文姬在全剧结尾时饱含深情地唱起的那一大板"乱弹"埋下了伏笔。

关于导演手法。一是重视了戏曲程式的充分运用。对演员的手眼身法步做了明确要求，并化入了演员的表演之中。尤其是对行当特色的展示，有着极其严格的定制。如注意了青衣行当的端庄清澈，注意了须生行当的舒展沉稳，注意了花脸行当的虎虎生威，注意了小生行当的清秀英俊。蔡文姬是文学家、史学家和诗人，不端庄清澈，怎么能行；左贤王是南匈奴王，王者乃"一国君主"，理应舒展沉稳；曹操是一代枭雄，这里以喜文爱才的正面形象出现，自然需要虎虎生威；鹰儿则代表了蔡文姬与左贤王的爱情结晶，绿草茵茵、牛羊成群，自然应该是蓝天白云般的气宇轩昂。

二是突破了戏曲程式的常规束缚。对全剧给出的故事内容、舞台画面与人物性格进行了全新解构，并在匈奴民族与汉民族人物形象塑造上进行了动态切换，对蔡文姬前半部分和后半部分人物形象的塑造，大胆赋予了"去程式化"的表现手法。如在身段展示上，虽然有女子的忧思与悲悯人物情态，尤其是通过水袖的展落与收起，还有缓慢转身与背身表演，等等，但是，很多时候会是昂首与挺胸的人物模样，有时候甚至会是迈着近似男子的步态，与左贤王出其左右。而遇有蔡文姬与左贤王一起出场时，一定安排的是蔡文姬在前，左贤王随后，凸显出了蔡文姬在全剧中的主人公地位。

  三是观照了人物性格的深度解析。对蔡文姬、左贤王、曹操等剧中的主要角色，都有很好的舞台调度与艺术把控。如前述及，对人物造型、形体动作和情绪渲染，不仅有"度"的要求，而且有"质"的变化。蔡文姬归汉，有复杂的时代背景，不是简单的个人决定；左贤王之所以放回蔡文姬，是迫于"国弱"无奈，而不一定是看重所谓的"金璧"；曹操"观沧海"，渴望人才，为我所用，有一股名垂青史的人生追求；等等。所有表演，不管是用程式化，还是去程式化，都注意到了不能伤及剧目本身的创作初衷。

  关于音乐创作。一是严格遵循剧种音乐制式。运用北路梆子主要板式，构思剧中人物的核心唱段和重点唱腔，给剧中人物设计的主唱、对唱、轮唱和二重唱，包括"梅花腔"在内，都完全采用了北路梆子的"原生态"音符。在全剧的曲配设计、唱腔铺排上，体现出了北路梆子的剧种特色和剧种风格。尤其是"夺杏"演出版本，进一步对"彩平腔"的音韵特色进行了声腔"固化"，显现出了独特而极具抒情性的演唱意境。

  二是大胆改革剧种音乐编配。其中，给主唱糅入了咏叹调，还有气声、轻声、清音（干板腔）等不同唱法。特别是在几个核心唱段的唱腔中，根据故事情节和人物情绪，设计了伴奏行进中"乐场"戛然而止，然后再行启动的音乐节奏，让蔡文姬的文气及人性，在舞台上绽放出了更多光芒。"张彩平就是活着的蔡文姬"在观众中流传至今。

  三是全新架构剧种音乐主调。其方法是分场景、分片段、分人物设计主题音乐、背景音乐、唱腔及其念白音乐、动作音乐等。据知，当年曲配作者就是先创作了17分半的核心唱段，找到感觉后，渐次铺开的剧种音乐主调的创作。如"夺梅"演出版本的开场音乐，不仅表现出深沉、雄壮、涛涌、波襄的特色，而且让凄婉的胡琴声，由远及近，渐渐地混合到整个曲配之中。然后，随着"天哪——"一声呐喊，仅用"谓天有眼兮，何不见我独飘零"的两句幕后伴唱,便完成了蔡文姬弹琴幻影的人物形象塑造,掀开了全剧的序幕。这一段音乐的设计,犹如回到了蔡文姬书写"悲愤诗"的远古年代,听来十分震撼。此外,草原音乐也有恰当介入,并与剧种音乐进行了深度融合,时不时地会在全剧的关键地方跳进跳出、时隐时现。

《琴笳赋》演出照 / 张彩平饰演蔡文姬

  关于人物构造。一是紧紧抓住了人物特征。整个舞台呈现出来的蔡文姬、左贤王和曹操等故事人物,都是正面舞台形象。蔡文姬的悲切感,是源自一个女儿(对蔡邕而言)、一个妻子(对左贤王而言)和一个母亲(对鹰儿而言)的悲切,并不是小家碧玉、王府千金那样的人物性格,她之所以能够继承父业,完成汉书的续写,是一种念及传承、传播历史文脉的大悲大切;左贤王尽管有失去妻子(蔡文姬)的悲情,尤其是"夺梅"演出版本中,还在第一幕设计有左贤王向蔡文姬求婚示爱的故事情节,增加了与蔡文姬之间的缠绵深度,但对于蔡文姬最后的离去,显然也有一定的思想准备和历史把握,决然不是混混沌沌、毫无主张的糊涂王侯;曹操在剧中的人物形象,也颠覆了历来在戏曲舞台上"白脸奸臣"模样,勾起了红脸,尤其是全剧结尾时,念了一句"文姬,你竟然去了,诗魂未远,巨著永存,请受曹某一拜……",这一拜,实乃点睛之笔,不仅点出了蔡文姬值得今人颂扬的伟大品格,也点出了曹操本是血肉之躯,所谓"奸雄"是后人赋予的历史色彩,至少在《琴笳赋》中是有责任担当、尊唯才是举的杰出人才。

  二是紧紧抓住了唱腔功能。唱为戏之魂,一个剧目能不能创排成功,能不能引起社会反响,能不能留下历史痕迹,除去有没有吸引人的故事内容和故事人物外,更多的时候,还是要看有没有好的核心唱段。如蔡文姬与左贤王在"芳草情深"演出片段的轮唱，就反映出了两人之间的甜蜜爱情，并互为肯定双方对民族融合和社会进步的默默奉献，欢快的旋律，与舞台置景互为映衬，恰是一幅"芳草情深"的水墨画。又如蔡文姬在最后一幕手持竹简唱起的"传青史万古千秋金石鸣"一大板独唱，分为几个情感片段，把蔡文姬一生的坎坷不平与"捧文稿心绪如潮连天涌""继父志续文章重任刻我心""孤身弱女入边庭""离夫别子哭失声""自古文人多不幸""收拾起琴悲与笳恨""传青史万古千秋金石鸣"，一下子给倾吐了出来，哭声伴随着演唱，让人听来久久不能放下。

三是紧紧抓住了剧目戏核。从编剧到导演，从曲配到演唱，从舞美到服装，从置景到灯光，都在剧中最重要、最好看的演出片段上下足了功夫，产生了很好的艺术创作效果。仍然以张彩平饰演蔡文姬在最后一幕的演唱为例，当几十句大板唱腔唱到最后几句时，突然加快了演唱速度，尤其是唱到最后一句时，音乐伴奏戛然而止，变成了无伴奏清音演唱，而演唱的难度就这样无遮无掩地定格在了舞台之上，接着对最后的三个字"金石鸣"采用了高腔送出方式，把蔡文姬的伟岸形象推向了震撼观众的高处。多亏张彩平有这样的嗓音条件，否则，根本完不成这一戏核的艺术创作任务。

舞台上，一轮明月斜挂在蓝光做底色的天幕之上，竹简做屏风，蔡文姬就这样倒在了书案上面……

电照风行　关于《琴笳赋》的社会与艺术影响，大致情况是：

一是学术研究方面。大凡研究北路梆子发展历史的专家学者，尤其是一些戏曲专业的硕士、博士学位论文，只要涉及新编新创历史剧目，都会有他们对《琴笳赋》的研究成果。其中，山西师大硕士研究生研究成果居多。

二是职业教育方面。2006年，山西戏剧职业学院创作《山西四大梆子交响音乐会》，在编排北路梆子板块节目时，选择了两个经典剧目的两个演出片段。其中的一个就是《琴笳赋》"芳草情深"演出片段，说明《琴笳赋》在人才培养等方面的艺术地位和流传状态。

三是艺术推广方面。2009年，山西省忻州市北路梆子剧团青衣演员冯慧玲也以传唱《琴笳赋》中的核心唱段，一举拿下了山西卫视《走进大戏台》栏目专业演员擂台赛年终总擂主称号。

四是人才选拔方面。也是 2009 年，《琴笳赋》进入山西省从优秀村干部中录用乡镇机关公务员考试《申论》试卷。并要求考生结合给定资料，写一篇文章，论述保护与弘扬山西传统文化和民间文艺的重要性，提出自己对建设山西文化强省的可行性建议。

五是剧种移植方面。2013 年，中国戏剧梅花奖获得者、蒲剧青年名家孔向东在参加"第二十三届上海白玉兰戏剧表演艺术奖获奖演员展演"时，与舞台搭档王青丽一道彩唱了蒲剧移植北路梆子《琴笳赋》"芳草情深"演出片段。网传资料显示，晋剧也有移植。

传播、传唱，是一部好戏的立足见证。《琴笳赋》从创排到现在，已经有过多次修改。如今，此剧越看越精，已然成为大同北路梆子的原创经典保留剧目。

10. 平城赋

北路梆子《平城赋》是根据文旅融合的时代要求，适应本土"城市转型"打造的一部新编历史剧。

全剧以北魏冯太后成长经历为主线，集中反映了一代杰出政治家在社会历史变革中的雄才大略。不仅需要与落后势力进行思想交锋，还需要把反腐败利剑挥向自己的胞弟。尤其是组织开凿大同石窟一幕，总给人一种庄严神圣而又十分震撼的悦戏感受。

张彩平（左一）在《平城赋》剧组便装排练

古都风云　原山西省文联党组副书记、常务副主席、戏剧理论家、时年 84 岁高龄的韩玉峰先生，在撰文评论北路梆子《平城赋》时"开篇"写道：

大同古称平城，是北魏古都，历史名城，鲜卑民族在此崛起，最后建立北魏政权，曾统领北方疆域达 148 年，在少数民族习俗与汉族文化融合过程中，出现过许多著名的历史人物。其中，汉女冯雁，就是一位由贵人到太后，再到太皇太后而"历经三朝"的杰出政治家。

平城，是秦置古城（今大同）。鲜卑族拓跋珪天兴元年（公元 398 年）自盛乐（在今内蒙古自治区和林格尔）迁都平城，国号魏，史称北魏。"起鹿苑，营宫室，建宗庙，立社稷"，建立各种制度，进行首都建设，使一个昔日"风吹枯蓬起,城中嘶瘦马",战马驰骋、胡笳悲鸣、大漠风沙的古战场所在地,成为一颗"一朝繁华有宫室,红墙高院深几许"的塞上明珠。平城作为北魏京都和公元5世纪的国际大都会,不仅通往全国各地的交通路线四通八达,而且有通往西域诸国及中亚、西亚,并与欧洲往来的丝绸之路,促进了东西方经济、文化的交流与发展。到太和十八年(公元494年),孝文帝拓跋宏迁都洛阳,历经六帝七世,北魏王朝在平城近一个世纪的经营建设,使平城成为中国北方最为繁荣的政治、经济、文化中心,在中国发展道路上留下了深刻的历史痕迹。北魏王朝的建立,体现了开放、善学、包容的特性与协和万邦、和合共生的理念,实现了多民族的融合。中国的这半壁江山和它的灿烂文化、精神文明,上承汉晋,下启隋唐,对中国历史的发展产生了深远的影响。我们说,先有北魏,后有隋唐,北魏政权为大一统的中国奠定了基础、准备了条件,当不为过。

冯太后,祖籍长乐信都(今河北冀县),生于长安,出身名门,自幼聪慧,从小受中原文化熏陶,才学过人,资质秀丽。其父冯朗为秦、雍刺史,封西城郡公。其叔父冯邈伐柔然,战败投降,父株连被杀,冯氏被迫沦为宫奴,没入宫。被身为左昭仪的姑母收养,在姑母的教诲下,冯氏熟读诗书经典,娴熟宫规戒律,胸怀大志,深藏机谋。兴安元年(公元452年),文成帝拓跋濬即位,冯氏被选为贵人,后册封皇后,辅助文成帝进行改革。和平六年(公元465年),26岁的文成帝突然病逝,冯氏痛不欲生,大丧第三天,在灵前焚烧文成帝遗物时,纵身跃入火中,此举震撼朝野内外。由冯氏一手抚养大的太子拓跋弘继位,

张彩平在《平城赋》中饰演冯太后(中)/现场演出照

冯氏被尊为皇太后。朝中乙浑专权，妄杀无辜，宫中内外，危机四伏。太后断然决策，诛杀乙浑及其同党，剪除隐患，遂以皇太后身份执掌军政大权。皇兴元年（公元467年）八月，拓跋宏降生，立为太子，生母李氏按祖规被赐死，太后抚养皇孙。拓跋弘受拓跋旧族蛊惑，欲复辟旧制，且无心理政，被太后逼其禅位于不满5岁的太子拓跋宏，太后被尊为太皇太后。太皇太后一方面对拓跋宏尽心培养教育，一方面厉行改革，实施班禄制（即俸禄制，北魏旧制，百官无俸禄，唯靠战争掠夺），同时严惩贪官；颁布均田制，计口授田，打击豪强垄断；实行三长制，取代宗主督护制，加强中央集权统治。这就是史上闻名的"太和改制"。"太和改制"使北魏走上兴旺发达的道路，创造了政治、经济、文化的鼎盛时期。太和十年（公元486年），太皇太后还政拓跋宏。同年九月十八日病逝于平城，终年49岁，长眠于方山永固陵，谥号"文明太皇太后"。冯氏由宫奴到皇后、皇太后、太皇太后，写就了她奇崛而伟大的一生，成为后世赞颂的千古一后。

脉络清晰 剧本创作的意境十分深邃，通过展示冬、春、夏、秋"四季"特点，隐喻了《平城赋》中先后发生的故事情节与冯雁的不同人生境遇。父亲被杀，如同冬日的寒风瑟瑟；冯雁被新皇宠爱，如同春日的漫山花开；新旧制度激烈碰撞，如同夏日的大地煎烤；北魏新政终被确立，如同秋日的天朗气清、万里无云，也可被看作是满地金黄、果实累累。全剧的创排，遵循了以下四条原则：

一、突出剧种特色。首先是站在弘扬大同北路梆子艺术风格的基点上，保证主演张彩平"彩平腔"的充分调用与舒展；其次是必须设计出原汁原味的北路梆子音乐旋律，并采用剧种自身的伴奏乐器，谱写出本剧种代表性的音乐曲牌，让这一古老剧种焕发出新的音乐生机。

二、突出北魏文化。通过诗史般的故事演绎，保证对北魏文化多样性、包容性等社会特点，都需要有非常鲜明的形象反映。运用回归与深化现实主义的创作思想，还原历史与艺术的真实，追求作品思想性、艺术性、观赏性的高度统一。

三、突出人物个性。出任演员都要重视处理好形式与内容的辩证统一,内心情感(喜怒哀乐忧思恐)和外部技巧(唱念做打舞)的协调和谐。节奏是戏曲艺术的生命线,保证节奏更集中、更强烈、更流畅,让人物有内涵、有感情、有气势,需要相互关照,并默契配合。

张彩平在《平城赋》中饰演
冯太皇太后(右一)/现场演出照

四、强调舞台风格。注重古典主义表现手法,体现古典主义审美精神,结合当代戏曲的审美习惯,做好剧中人物行为的当代释义。同时,借助先进视听技术,景随情移,给观众留下遐想和放飞思绪的空间。

主演突出 一部戏的成败受多个戏曲元素制约,但以角色为中心,始终是第一元素。那么,张彩平在塑造冯太后这一角色时,至少有以下三点值得肯定:首先,一向追求艺术完美、勇于自我挑战和突破的张彩平,在剧中敢用小旦、青衣、老旦三个行当的表演技法与演唱技巧刻画一个历史政治人物,敢把话剧的一些表演方式不露痕迹地糅入自己的表演当中,敢把歌剧的一些演唱方式同样没有瑕疵地掺进了自己的演唱当中,并在行腔与韵白中加入了须生的口吻与气息,特别反映出了张彩平对剧中主人公冯太后及其故事演绎的准确把握和艺术张扬。

其次,张彩平饰演冯太后的前后人物情绪,也是随着故事情节的展开与演进,在有限的两个小时演出内,呈现出了几十次差异很大的变化。如郁结、期待、欢快、落泪、慰藉、劝解、沉思、争辩、谋略、怒斥、托付、善果……嬉笑怒骂,尽在戏中人物身上。青春活泼与成熟老道,直到尾声的白发苍苍,都是满满的人物故事与艺术范式。

最后,演出过程中,也可以看到张彩平先后两次让剧中人用手托抬龙辇进出宫门表演的圆场，同样跑出了王玉山"水上漂"当年的舞台风姿，跑出了她本人演出传统戏《血手印》"行路"时的艺术功底。而此时的圆场，已然不是小旦、青衣的圆场，作为老年冯太皇太后，怎么跑，张彩平留下了很好的艺术模板。

群星璀璨 《平城赋》的创排，经历了许多困难，而且有些困难完全是凭借张彩平的一股子韧劲和坚持冲破的。但也同时反映出一个演出单位的整体创作实力与团结拼搏精神。不仅主演张彩平的表演艺术达到了预期的高度，就是群演也表现出了凝神聚力、神态各异的舞台风范，演员们全部走入了饰演人物的骨髓里面。主演和配演如此高度融洽，艺术上又旗鼓相当，并不是所有演出院团都能有的创作氛围和人才局面。

如在剧中以皇叔拓跋子推为代表的几个落后势力的贵族王爷，把故事人物那种气愤与无奈表现得淋漓尽致。此时的舞台场景是冯太后推行新政坚定不移，而在位的拓跋弘却庸政懒政，不愿意得罪皇叔和贵族王爷，甚至附和皇叔和贵族王爷的落后"支招"。当冯太后出场后，皇叔的气焰自然很是嚣张，而其他贵族王爷则出现了与之相反的

皇叔拓跋子推向贵族王爷/授计

皇叔拓跋子推与贵族王爷向拓跋弘/谏计

冯太后与皇叔拓跋子推及贵族王爷/针锋相对

人物情绪，看上去让人唏嘘不已。

　　有一位网名为"闲云野鹤"的北京观众在看戏中拍摄了许多剧照。其中，有一幅太监饰演者的现场演出神态，颇有美学味道。

　　从演出录像的视频截图中，也不难看出《平城赋》创作者们所秉承的精品意识、创新意识和工匠精神。就连一个饰演小皇帝的小孩子演员都做到了萌萌的、呆呆的、傻傻的，却又不失舞台艺术范儿的成熟人物塑造，让你看着他的无唱念表演，都会深深地觉着叹为观止和难以想象。饰演者那么小的年龄，真不知道是从哪里出来的人物气质。同时，也会让你不由自主地想到，此时故事中的冯太后要临朝听政，也就自然会在情理之中了。

　　出任演员，人人担责，并做到精排精演，个个出彩，也在剧种传习中

皇叔拓跋子推（图左上）与贵族王爷不同人物情绪

形似神似的北魏太监舞台形象

心蔚然成风。如在剧中一边饰演剧中角色参加演出,一边在换场时负责挪动舞台道具的几位青年演员,也会排演到摆放得不当不正,距位正好。

还有灯光师的现场给光,高效、及时、优质、到位,都是非常严谨的。

舞台场景也是极尽美轮美奂,充分显示出推动文旅融合思想主题的深刻含义。

北京观众李树勇观看后,对全剧呈现出的"居高临下,一览无余的场景……"表示出由衷的惊讶和赞叹。

相信,随着时间的推移,《平城赋》还会闪烁出它的艺术新亮点。

张彩平(右)在《平城赋》中饰演冯太后

第四章 社会评价

1. 天赋使然

张彩平的艺术人生是精彩的。在同龄演员队伍中,张彩平获誉很多,也深受业内外专家的肯定和观众戏迷的追捧与热爱。她代表了北路梆子在新时期、新时代最具活力和最有影响的艺术水平。

旭日临窗　从张彩平的艺术人生节点去欣赏,广受好评应该最早出现在戏校学艺期间。

随后,便是参评演出北路梆子《断桥》被专家认可。

2011年,山西广播电视台公共频道《百家戏苑》栏目在做张彩平艺术人生专访时,山西省文化厅原副厅长、山西省文物局原局长、戏剧理论家郭士星回忆说:就是八二年了,已经几十年了。现在看到张彩平,就回忆起当年的那个情景,历历在目啊!这个《断桥》,当时这个唱腔设计是张国才,他是个音乐家,北路梆子特别熟悉。那个唱词有30多句,那个唱腔设计得好,彩平唱得好,一气呵成。而且是那个嗨嗨腔,刚柔相济,一泻千里,我当时看了以后啊,就非常激动。为什么激动?一个是她唱得好,一个是我觉得北路梆子作为我们山西省的四大梆子之一,它是比较弱小的一个剧种,能在北路梆子出来这么一个人才,很不容易。她的唱腔韵味,继承了贾桂林老师的特点,特别是那个嗨嗨腔,看到了北路梆子有了希望,看到了贾桂林有了接班人。我是个戏迷,对山西戏剧感情特别深,所以我一看,就感动得掉了泪了。当时我们那个评委里头有个武承仁,也是个戏迷,又是个专家,又是剧作家,他对北路梆子感情更深,我一掉泪,他更掉泪,当时我们两个真的哭了。我们作为戏曲大省,能培养出像张彩平这样的演员来,这是很不容易的。我们一定要珍惜这种人才,要爱护他们，我希望张彩平能够继续努力，能够更上一层楼。

原大同市艺术学校校长、戏曲音乐家、戏曲教育家张国才，也在张彩平专访中回忆说：我带着他们到左云、晋北一带每每演出，每个台口都要返场演《断桥》，观众就是喜欢听彩平的唱，在她演过的晋北大地上，城市也好，村镇也好，都留下了美好的印象。

同行赞誉　1982年12月26日，阳泉剧作家郭俊卿以《看北路张彩平演〈断桥〉白素贞》赠诗一首云：

今随调演塞上行，

北路识得张彩平。

爱恨情仇白娘子，

劫后余生许官人。

素装淡雅凝淑气，

贞心未了豁死生。

刚柔相济有人物，

抑扬顿挫发新声。

青年优秀演员奖，

一片霞霓亮云中。

郭俊卿先生做过剧团领导工作，是文化战线上的一名老兵，他的诗赋反映出了爱惜青年艺术人才的良好初衷。用素装淡雅、刚柔相济、抑扬顿挫、一片霞霓以及凝淑气、有人物、发新声、亮云中等词语，赞美张彩平主演的《断桥》，能读出来他观看演出后的激动心情，一定程度上，代表了同行人士的共同心声。

2. 艺高一筹

北路梆子《琴筇赋》的诞生，加之有《血手印》演出支撑，完成了张彩平艺术人生向"梅花奖"冲刺的艰巨任务，也受到了业内外的广泛好评。

专家发声　通过观看张彩平的演出《琴筇赋》，专家和观众见识了大同北路梆子的剧种特点，看到了青衣、须生、花脸、小生、小旦等各个行当的综合实力，尤其是看到了张彩平在《血手印》《琴筇赋》两个剧目中的艺术风采。人们普遍认为，虽然都是古装戏，但一个传统地道，一个大气新潮，而张彩平在两个剧目中饰演的两个角色，对北路梆子音乐与声腔的艺术绽放，一个委婉幽咽，一个清爽悠扬，整体发挥超常，完全符合梅花奖的评审要求。

时年 81 岁的原中国剧协副主席、著名戏剧专家郭汉成说：张彩平唱得真好，表演也非常好。《血手印》越唱越好，我问她你为什么唱得这么好，她说常年下乡演出唱出来的。

中国评剧院总导演张玮说：《血手印》

张彩平在《琴筇赋》中饰演蔡文姬（左）/
魏润平饰演左贤王（右）

我看过许多剧种，包括川剧、京剧、评剧各有特色，张彩平的表现非常出众，花腔漂亮，拖腔响亮，又那么细腻，我非常喜欢这位演员。

中国艺术研究院研究员黄在敏说：如果说《血手印》是一种世俗情感的体验，那么《琴笳赋》更多的是一种文化情感的把握，更难。张彩平的表演显示了她的艺术功力。她的表演很大气，与乐队的整个气口配合非常好，唱腔的处理技巧，包括花腔运用也非常到位。

著名戏剧评论家刘乃崇说：这么好的演员，真是相见恨晚。张彩平对人物感情的表现很有层次。唱得这么好，肯定是下了功夫，不容易。

中国京剧院著名演员、中国戏曲学院客座教授刘秀荣说：看得出张彩平基本功扎实，声音非常漂亮，很透，上下左右"十字音"都很透，动作、身段造型都很好，青衣的孔雀步走得很漂亮。唱腔好，念白也好，既有口语化又有韵，有气口，表演得有生活气息。

《中国戏剧》编辑部主任赓续华说：在《血手印》和《琴笳赋》里，张彩平驾驭了两个不同的悲剧人物，这两出戏让人看到了张彩平的光彩照人，这使我们发现了山西的又一颗艺术明珠。

中国戏剧学院教授贯涌说：张彩平的艺术分寸感把握得成熟而老道。

中国剧协副秘书长韩新民说：演出非常成功。各地进京角逐梅花奖的演出一场比一场精彩，我看张彩平丝毫不比田蔓莎（四川省川剧院著名演员、角逐"二度梅"）逊色。

中国艺术研究院研究员、戏剧评论家吴乾浩说：张彩平的唱腔继承了北路梆子的传统唱腔，又吸收了西洋和民族的唱法，花腔运用得好，大腔好，小腔也好，让人想起来了白居易《琵琶行》中的"大珠小珠落玉盘"。

媒体热眼　张彩平晋京"夺梅"演出也受到了媒体的关注和报道。

人民日报海外版/第七版/文艺副刊/2002年01月08日刊载署名为敏君的文章《张彩平：亮丽在城乡舞台上》。文章称：

山西省大同市雁剧青年团主演张彩平近日带着两台大戏——新编历史剧《琴笳赋》和传统名剧《血手印》进京演出，张彩平精彩的唱功让喜欢听北路梆子戏的观众美美地过了把"戏瘾"。

第四章 社会评价

张彩平13岁便进戏校北路梆子专科班主工青衣。从艺20年来主演了30多出剧目,为满足广大群众看戏的需求,她每年不仅在城镇演,下乡巡回演出便达300多场。勤奋、敬业和天生的好嗓子使她成了唱做俱佳,深受山西城乡观众喜欢的"好角"。在山西省戏曲调演及比赛中,她曾多次荣获"最佳青年演员奖""主演金牌奖"等。

由马彬编剧、肖桂叶导演的《琴笳赋》,演绎了蔡文姬战乱中没入匈奴,嫁匈奴左贤王后育有一子,为完成父亲未竟的事业,她离夫别子回到中原重修汉书的故事。全剧的重头戏都在蔡文姬身上。张彩平充分发挥自己唱功好之优长,或低徊凄婉,或高亢悲凉,以韵味醇厚、快慢相间、收放自如的声腔,将蔡文姬修史责无旁贷,又苦于与亲人生离死别的复杂心境刻画得淋漓尽致,感人至深。特别是她那华丽跳跃的花腔,令戏曲界的专家都为之鼓掌叫好。

全文繁体字排版,留下了《琴笳赋》演出来自官方媒体对世界各国的报道。

稍后时间,《中国戏剧》杂志2003年第3期刊登了第二十届中国戏剧梅花奖颁奖仪式对张彩平的"颁奖词"。原文如下:

张彩平,女,1961年出生于山西省怀仁县。1975年考入原雁北地区戏曲学校学习北路梆子,修业七年,工青衣、小旦。在校期间就排演了现代戏《审椅子》《红灯记》《野马》和传统戏《王宝钏》《教子》《白蛇传》等戏。1981年她在雁北地区中青年演员调演中脱颖而出,她演出的《教子》获优秀青年演员一等奖。

图片来自《中国戏剧》2003年第3期"梅苑新枝"第二十届中国戏剧梅花奖获得者张彩平舞台形象

1982年，雁北地区组建了北路梆子实验青年团，张彩平成为该团主要演员。同年，在山西省中青年演员评比中，她又以《断桥》一折，荣获山西省"最佳青年演员奖"。1986年，张彩平参加山西省戏曲青年团调演，荣获"主演金牌奖"。1987年被评为大同市"十佳演员"。

　　2002年12月，张彩平携《琴笳赋》《血手印》两台大戏晋京角逐中国戏剧梅花奖。她分别饰演蔡文姬和王桂英。两个角色的性格反差很大，蔡文姬贤淑、端庄，才华横溢；王桂英温柔、善良，爱憎分明。张彩平把两个人物都刻画得生动准确，栩栩如生。她更善于用演唱宣泄感情：抒情时，优美、甜润；欢乐时，活泼、俏丽；悲愤时，高昂、激越。《琴笳赋》"芳草情深"一场，蔡文姬在与亲人互吐心声时，她演唱得缠绵、委婉，情深意浓；在"雁南归"一场离别亲人时，唱腔处理得凄切、哀婉，荡气回肠。她通过音色、力度、情绪的变化，使声音有了不同强弱、不同色彩，达到了以情带声、声情并茂的艺术效果。

　　现在，欣读全文，能看出来主办方当年对张彩平人物舞台形象与人物音乐形象两个"塑造"的肯定。

3. 创新受益

传统戏曲的现代转换，是现实生活的深情呼唤。通过戏曲舞台反映现代生活，是戏曲艺术的时代选择。

张彩平担任传习中心主任之后，在培育新人、创新发展的同时，抓了两部大戏。一部是移植剧目《廉吏于成龙》；另一部是新编现代戏《净土》。两部大戏演出后，已然受到了社会各界的广泛关注和热烈反响。

惊动名家 2014年春节过后，中国戏剧家协会主席、著名京剧表演艺术家尚长荣率领中国剧协梅花奖艺术团到革命老区灵丘县慰问演出。其间，当他听到头年6月，大同市文广新局和北路梆子剧种传习中心象征性地花一元钱，从上海京剧院移植回的《廉吏于成龙》一剧，作为大同市"正气颂"廉政文化戏剧展演剧目获得广泛好评时，尚先生取消了预定的参观行程，主动提出到市北路梆子剧团看看，与演员们交流。

2014年2月21日上午，尚先生来到市直艺术院团排练厅，观看了北路梆子移植剧目《廉吏于成龙》片段、耍孩儿剧目《扇坟》和张彩平的清唱表演。时任省文联副

尚长荣先生与大同市委常委／宣传部长马斌（右一）、
大同市委常委／纪委书记卫洪平（左一）

主席、省戏剧家协会常务副主席兼秘书长史佳花，市委常委、宣传部长马斌，市委常委、纪委书记卫洪平陪同观看，并出席随后召开的座谈会。

在座谈会上，尚先生以《地方戏曲艺术需要守护发扬》为题，发表了讲话。

尚长荣先生指导北路梆子《廉吏于成龙》排练时
与张彩平（左一）、史佳花（右一）合影

尚先生说：这么多年我都在舞台上演戏，像这样来到兄弟院团考察学习的机会并不多，随着年龄的增长，一线的演出逐渐减少，迫切需要向各剧种院团多多学习，这次借由中国剧协梅花奖艺术团山西行，来到大同市北路梆子剧团，了解同志们的艺术追求，听说我们北路梆子剧团在短时间内把京剧《廉吏于成龙》移植过来，这种举措让我们上海京剧院于成龙剧组很受感动，都托付我代表剧组向北路梆子《廉吏于成龙》剧组表示祝贺，今天第一次看了这部剧的片段和耍孩儿《猪八戒背媳妇儿》的片段，非常震撼。北路梆子本身具有十分独特的艺术风格和民族特色，腔调高亢、激昂，音乐节奏直爽明朗，我们的艺术家表演得非常到位，真是让我大开眼界、深受鼓舞，我认为这样的地方戏曲艺术真的需要守护、需要发扬，这是我们戏曲人的职责。

再迎高朋　2014年9月26日晚，尚先生又一次专程抵达大同指导排练。市委常委、宣传部长马斌，市委常委、纪委书记卫洪平先后陪同。

一部戏，能牵动尚先生两次前来指导排练，这在大同北路梆子发展史上前所未有。山西日报记者赵志成以《只为演好于成龙》为题，做了跟踪报道。报道称：9月27日上午，尚长荣先生准时来到排练厅内。"我们都是一个战壕里的，排演、展演这台戏，是大家用实际行动在践行社会主义核心价值观。演好于成龙，就是要演活他的精气神，演活他的为官气节，用历史上晋官杰出代表人物教育当代干部。"尚长荣先生简短的开场白后，铿锵的唱腔紧随梆子声响了起来。

9月27日／尚长荣先生（右二）在大同市北路梆子剧种传习中心《廉吏于成龙》剧组指导演员表演

这一次，张彩平没有做主演，剧中也没有青衣行当主演的角色，她只是扮演了仅有半折子戏的于妻。但是，张彩平一出场，一开口，便立即把座池内的观众给征服了。

有一位青年观众在演出现场感慨地说：张彩平老师演什么角色，都始终保持着端庄、稳健的台风，举手投足，与锣鼓经的配合，不仅分秒不差，而且总能表演到观众心上。尤其是唱腔，堪称北路梆子当代经典。声音如此干净、高亮，剧情需要的所有拖腔，从来都没有一点多余的感觉，总会是让人听着那么的顺畅和舒心。一曲下来，不由得就想鼓起掌来。

《廉吏于成龙》剧照／张彩平饰演于妻
刘文海饰演于成龙／现场演出照

绿色生态 《净土》是北路梆子第一次介入公安干警生活的原创剧目，也是北路梆子第一次把戒毒、禁毒、缉毒、防毒题材搬上戏曲舞台的新编剧目。2018年12月29日获准国家艺术基金资助项目立项，2019年3月23日正式建组，5月12日即在大同市工人文化活动中心一

尚建军（前）观看演出后上台接见
《净土》剧组演职人员并讲话

宫与观众见面，排练时间前后不足50天。一经上演，就在大同创造了巡演25场的历史记录。

2019年6月26日，"国际禁毒日"那天，《净土》剧组受邀走进了大同市下寨强制隔离戒毒所，为600余名强制隔离戒毒人员做了专场演出。

7月9日，时隔10余日，《净土》剧组又承接了由大同市禁毒委员会组织全市公安机关民警观看的专场演出。大同市副市长、市禁毒委主任、市公安局局长尚建军，大同市禁毒委30家成员单位的干部职工及公安机关民警代表700余人观看演出。

山西法制报多次报道了《净土》的演出动态和在司法/公安战线引起的反响。山西青年报也做了相关报道。

大同市禁毒委成员单位和公安干警
观看《净土》演出（图2-1）

大同市禁毒委成员单位和公安干警
观看《净土》演出（图2-2）

一剧双誉 根据山西省文化和旅游厅通知安排，2020年1月3—4日，《净土》剧组在太原星光剧场做了两场演出。细心的观众注意到，3日晚上参加的是"我们的中国梦·文化进万家2020年'两节'期间山西省优秀剧目展演"；4日晚上参加的是"2019年全国优秀现实题材舞台艺术作品展演（山西分会场）"。可谓"一剧双誉"，舞台呈现出了新的精彩。

那几日，尽管天气骤冷，风雪交加，演出次日起来，满树银花，地上的积雪有五六寸之厚，但是依然没有挡住大家前来看戏的热情。

老领导曲润海、郭士星在太原星光剧场座池内翻阅节目单

老领导曲润海、郭士星观看演出后与剧组人员亲切交谈

这个戏，张彩平原本是剧中女一号孤寡母亲陈凡女的饰演者，考虑为推出新人，就把角色安排给了一位青年旦角演员，看着剧场内的热烈气氛，张彩平与她的同仁们在座池内欣慰地笑了。

演出结束后的次日，即2020年1月5日，《山西日报》以"我们的中国梦·文化进万家 《净土》省城演绎缉毒故事"为题，在省内要闻版对演出做了报道。全文如下：

本报讯（记者孙蕊）2020年1月3日晚，山西省大同市北路梆子剧种传习中心创排的现代戏《净土》在省城星光剧场上演。该剧此次在太原演出是参加由省委宣传部、省文化和旅游厅、省演艺集团联合举办的"我们的中国梦·文化进万家2020年'两节'期间山西省优秀剧目展演"。

《净土》由黎中城编剧、席凯导演、任新宁作曲，李刚、庞樱花等主演。该剧反映了人民警察陈川在戒毒、禁毒、缉毒、防毒和与犯罪团伙斗争过程中，只身深入"毒窝"，巧妙周旋，斗智斗勇，最后一举擒拿国际"毒枭"及其国内罪犯的惊险故事，讴歌了人民警察坚定的理想信念。

大同市北路梆子剧种传习中心主任、中国戏剧梅花奖得主、北路梆子表演艺术家张彩平说，创排这部戏，就是为了引起人们对生命价值的思考，尤其是要让广大观众看到人民警察为了戒毒、禁毒、缉毒、防毒所做出的各种牺牲。

《净土》入选国家艺术基金2019年度资助项目。自2019年5月12日在大同首演以来，已经在当地先后巡演30余场。

这些社会反响，归结于一点，都是对张彩平任职大同市北路梆子剧种传习中心主任狠抓剧目创作工作的肯定。

在传承中发展，在创新中突破，永无止境。

4. 炉火纯青

北路梆子《平城赋》，可以看作是张彩平艺术人生的巅峰之作，也可以看作是张彩平从艺以来获誉最火爆、最炙热的一部戏。

首演成功 《平城赋》大同首演后，2016 年 11 月 9 日，《大同晚报》记者崔莉英率先报道称：

剧目一开始就是大雪纷飞、兵戈交锋、刀光剑影的大场面，在争斗中北魏少女冯雁的父亲被杀，冯雁入宫为奴。成为宫奴的冯雁采摘梅花时巧遇太子，并被太子赏识，太子即位成为文成帝，冯雁也入主中宫……全剧突出了祖宗成法、子贵母死的拓跋旧制，再现了云冈造像、佛帝合一的北魏历史，也展现了冯氏历经磨难辅助幼主登基后，在推行改革祖宗成法、革新弊政时遇到的巨大阻力，但她毫不退缩，面对亲人贪腐绝不手软，多年后还政孙子孝文帝时，北魏政权呈现出武官上阵不怕死、文官清廉守朝堂的盛世繁荣景象。整个剧目服饰精美、背景宏阔、唱腔高亢、台词优美，不时出现"水送山迎又逢春，云冈如画佛窟新"等对仗工整的唱词。主演为北路梆子传习中心国家一级演员、中国戏剧梅花奖得主张彩平，她饰演的冯雁从清纯宫奴到后宫之主再到权力巅峰的太后、太皇太后，很好地把握了人物特征，把临朝听政的冯太后的气势、气度表演得特别到位，全剧高潮迭起，现场观众掌声阵阵。

2016 年 11 月 9 日，来自北京和省城的戏剧专家在座谈会上发言认为：《平城赋》选材好、立意好，主要人物塑造得很成功，戏曲梅花奖得主张彩平的表演很精彩，其他演员的表演也可圈可点，每一场戏都演绎得很完整、很大气。并希望进一步强化改制主题，反映出两种文明的冲突，立主旨，去枝蔓，把平城改制对中华民族融合发展的伟大意义展现出来。

2016年11月10日，"大同文传"发布了一条署名为刘红霞的新闻报道：《〈平城赋〉/一个女人和一个时代的大戏/让这么多人沉醉其中——》。报道称：

一部戏，展示北魏平城励精图治的波澜画卷；

一支曲，唱出中国历史长河里璀璨的华章。

时间虽短，跨越的是千年光阴；

舞台虽小，绘出的是江山胜景。

笔法精意，笔意洒脱。

报道还称：11月8日晚，当北路梆子新编历史剧《平城赋》首演成功落幕时，许多观众沉浸其中，如醉如痴。

并州亮彩　2017年，山西省新春新创优秀剧目展演开幕后，2月24—25日晚，《平城赋》剧组在太原市青年宫演艺中心参加演出。

省委宣传部副部长刘英魁观看演出上台致贺时说：看到《平城赋》在太原成功首演非常振奋，这是近几年北路梆子剧种一个思想性、艺术性、观赏性俱佳的作品，观众的掌声和叫好声就是最好的证明。《平城赋》能在短时间内把冯太后的一生精彩演绎出来，实属不易。尤其是改革祖制、兴佛遵儒、惩治腐败三个点抓得很到位，既挖掘了山西厚重的历史题材，又观照当下，反映时代精神，主题思想拿捏得恰到好处，历史、现实与艺术完美结合，给大家留下了深刻印象。

太原市青年宫演艺中心负责人韩林观看后对大同日报记者说：大同的文艺工作者有着高度的文化自觉和文化自信，非常善于挖掘像《平城赋》这类值得山西自豪的题材，应当大力扶持、大力弘扬。舞台上艺术家们表演精湛，敢于进行大胆有益的尝试和探索，最终呈现出来的效果也非常理想，映射出了时代精神，起到了很好的示范作用。

首届山西艺术节开幕后，2017年9月1日、2日晚，《平城赋》剧组在太原工人文化宫再次亮相省城。

第四章 社会评价

山西省人大常委会原副主任靳善忠观看
《平城赋》上台与张彩平握手致贺

山西省高级人民法院原院长左祥观看
《平城赋》上台与张彩平握手致贺

老领导曲润海先生观看《平城赋》
上台与张彩平握手致贺

晋剧表演艺术家王爱爱观看《平城赋》
上台与张彩平握手致贺

省城文化干部杨笙鸣观看演出后认为：《平城赋》是以唱功见长的新编历史剧，张彩平的演唱，既有大北路的慷慨高亢、淋漓酣畅，又汲取了中路梆子的柔和委婉、行腔自如。大板唱腔中，既运用四股眼、夹板、垛板、流水等板式，又打破传统的板式结构，融入"张派"音乐元素。舞台上，她声腔流畅，清亮悦耳，声情并茂，激越奔放，与板胡等乐器相辅相成，唱醉了观众。特别是用北路梆子青衣勾魂摄魄的"咳咳腔"，惊爆了剧场。

文化宣传部门的老领导、戏剧家韩玉峰认为：《平城赋》在艺术上精雕细刻，美轮美奂，赏心悦目。其剧本文学性之强，实不多见。而且，作为戏曲艺术综合性的特征，音乐、舞美、灯光、服装、化妆、道具各个部门都有上乘的呈现。随后，他公开发表了长篇评论文章。

一位称作 Truman Lee 的观众观看后撰文写道：《平城赋》演得真好，写得更好，历史剧就是要给现实问题提供素材，提供可供问题解决的方案。剧中兴利除弊，均田制经济改革和废冗旧臣一系列举措，无疑动了利益集团的奶酪。矛盾冲突尖锐，宫廷辩争与当今现实高度契合。台下叫好，百姓直呼过瘾。为百姓争利，富民强国，贯彻主色调。皇太后主政 20 年成绩斐然。然其兄长受波斯商人厚礼构成贪污罪，皇太后不护短，大义灭亲，剧中做了

《平城赋》剧照／张彩平饰演冯太后／
刘文海饰演拓跋子推

兄长自刎谢罪描述，丰富了事件进程。

在山西省戏剧研究所组织召开的首届山西艺术节专家评议会上，大家普遍认为：张彩平饰演的冯太后是此剧的亮点，她的扮相雍容华贵，仪态沉稳大气，表演内敛而不失威仪，坚毅而不失柔情，腔随心走、情随曲动，把冯太后这位少数民族女政治家的风度和不屈不挠的个性，通过北路梆子高亢的曲调和充满地方特色的唱腔艺术淋漓尽致地展示在了舞台之上。剧中其他演员的表演也都较好地把握了各个人物角色的个性。该剧的唱腔及主题音乐都能够紧紧围绕剧情的发展，既继承了北路梆子传统曲牌，又合理吸纳了其他剧种音乐配器，为演员发挥自身唱腔特点起到了一定的烘托作用。

北京大学艺术学院艺术学理论"博士后"苏米尔观看后，也在公开发表的《民族融合／平城大赋》一文中给予了盛赞。他写道：《平城赋》是一部艺术精湛的作品。该剧的"辞情"与"声情"相得益彰，流露出古典意蕴之美……演员张彩平在剧中饰演女主人公冯雁，其音色清澈明亮，音区跨越自如，腔随心走，情随乐动，特别是她极具北路梆子特色的拖腔，与北魏民族的豪迈不羁相协调，与一国之母的雄心壮志相吻合。

2017 年 9 月 4 日，山西广播电视台公共频道《百家戏苑》栏目微信

公众号发布:"录制花絮"周六晚(9月2日)北路梆子《平城赋》录制完毕。并称:

  山西省艺术档案馆和《百家戏苑》于上周六晚上在太原市工人文化宫联合录制了北路梆子《平城赋》,这部剧是由大同市北路梆子剧种传习中心排演的剧目。大同市北路梆子剧种传习中心是一个很优秀的演出团队,从导演到各位演职人员,每个人都很重视这次演出,为了将本剧以最完美的形式呈现在观众面前,剧本经过不断地修改完善。

  这部戏的每位主演演绎人物都在将人物的内在灵魂细致刻画,正是由于每个演员的优秀演绎才构成了一部荡气回肠的历史剧。

  2017年9月26日、27日、28日,山西广播电视台公共频道《百家戏苑》栏目,分三天时间播出了全剧演出实况录像。

  首都圈粉 《平城赋》晋京演出版本,是大同首演和巡演、太原首演(二演)的升级版本。全剧共6幕,时长约2小时。

  在演出当晚召开的专家座谈会上,国家京剧院一级导演李学忠说:这台戏综合艺术效果好,大气磅礴,气势恢宏,而且是大同的剧团演大同题材的戏,非常难能可贵,小剧种演出了大戏的风貌,让他对这一剧种有了全新的认识。

  北方昆曲剧剧院长杨凤一说:这是会演中她看到的完美的一台戏,每一位演员的表演都可圈可点,主演张彩平以独具天分的嗓音和表演才能,在念白唱腔方面着重用声音变化表现人物的思想、感情、情绪的变化,把冯太后的艺术形象表现得淋漓尽致,使之成功地伫立在舞台上。配戏的(如饰演拓跋子推的花脸、饰演冯熙的须生等)表演也非常到位,使得整出戏十分出彩。看完这出戏,不仅记住了冯太后,还记住了皇叔、镇国公等。

  国家京剧院创作研究室副主任彭维说:台上演员唱得陶醉,台下观众看得过瘾。全剧围绕冯太后的家国世事展开,每一幕都有故事可看,剧种特色非常鲜明,有地域感,可以说地地道道的北路梆子唱腔和音乐吸引了观众。

迟耀云（中）、吕育中（右二）、刘润民（左四）、郭蕾（右三）等文旅界领导观看演出前与张彩平（左三）和剧组人员合影

首都梅兰芳大剧院上下三层座无虚席

《平城赋》演出结束／观众热情鼓掌／迟迟不愿意离开

中国艺术研究院《艺术评论》副研究员王瑜瑜认为：这是一部传记题材戏曲，表现了北魏冯太后的一生，这种创作方式与传统戏曲的表现方式有所不同，其中反腐的情节与当今现实结合得很到位。

中国戏剧研究所所长王馗在微信戏友群写道：该剧主演张彩平是目前仍然具有活跃创造力的艺术家，在这部新剧中，她在保持北路梆子"声可裂帛"的女声演唱艺术风格基础上，以宽阔的音域再现了丰富细腻的声音质感，用声音形象来传达冯太后在生命不同阶段的气质风采，这正是该剧种声腔塑造人物的特长所在。

剧中穿插的各行当演员群体，整体上保持着这一剧种的高水准，这是令人欣喜的。回家途中，我听到好多观众在盛赞演员、剧团和这部作品。显然，让观众接受和喜爱，这是对北路梆子传承者最好的褒扬。

2018年6月23日，光明日报登载中信出版社编辑苏扬的观后文章《慷慨激越的〈平

第四章　社会评价

主办方领导、专家与《平城赋》剧组
演职人员合影

主办方领导向《平城赋》剧组
颁发纪念证书、牌匾

城赋〉》。文章写道：主演张彩平作为中国戏剧"梅花奖"获得者，在剧中以她独具天分的嗓子和表演才能，在念白和唱腔方面着重用声音变化表现人物的思想、感情和情绪，从豆蔻少女演到太皇太后，把冯太后的艺术形象展现得淋漓尽致、栩栩如生。特别是剧中她与鲜卑旧族的代表人、皇叔拓跋子推进行的针锋相对的斗争，二人先是一段对一段、后是一句接一句，唇枪舌剑，激烈争辩，大量的唱段痛斥为旧制招魂的朝廷遗老。这大段流水酣畅淋漓，成为全剧最精彩的唱段之一，不光让观众大呼过瘾，也展现了张彩平过硬的唱功。

2018年6月15日，《中国艺术报》"艺术纵横"栏目刊登中国文学艺术基金会特约刊登乔燕冰专文，以《〈平城赋〉：再现北魏改革恢宏历史》为题，盛赞《平城赋》的演出成功。

隔屏有音　话题回到2011年山西广播电视台公共频道《百家戏苑》栏目专访张彩平时，时任山西省文化厅副厅长赵银邦面对电视观众，神情恳切地介绍说：今天咱们的《百家戏苑》请我来，今天晚上是张彩平老师（访谈），我是非常乐意参加的。因为我们山西戏剧职业学院前年在做一个山西四大梆子交响演唱会的时候，我们有幸结识了张彩平老师。张彩平老师给我留下了非常深刻的印象。第一个是纯，第二个是真，第三个是好。我觉得张老师这样的艺术人才，我刚才给郭（士星）厅长讲，可能很难发现。我不是神秘化咱们的唱戏曲的人才，像这么一个人才，真的是多少年才能遇到一个。我今天听了她唱以后，我这种感触更加深刻。像张彩平老师这样的人品、艺品，她的为人处世，她的艺术水平，我在搞山西四大梆子交响演唱会的时候，我对她的感受非常强烈。我希望我们的艺术人才，我作为戏校的校长，希望我们年轻的艺术人才、戏曲人才，都要首先向张彩平老师学习她的艺德。大家看见她从不摆架子，她不会花言巧语。再一个是，张彩平老师对艺术精益求精，这样也是非常不容易的。她在我们四大梆子（交响演唱会）里面演唱那一段，受到全国观众的好评，我们好多观众原来不太熟悉她，通过四大梆子（交响演唱会）好多人也认识（了）她。我希望我们山西的四大梆子，山西的北路梆子，能够进一步发扬光大。像我们张彩平老师这样的人物，应该一茬一茬地推出来。

晋剧表演艺术家王爱爱也在录制现场说：我觉得彩平这个孩子，就说是舞台上那么靓丽，那么亭亭玉立，下来给人一种很憨厚（的感觉），非常老实的一个孩子。我就觉得艺术人才就是要这样，对艺术精益求精，对人要忠忠恳恳，扎扎实实，这样才不愧为站到舞台上的一个艺术家。我希望彩平再接再厉，特别是当了团长了，当了团长就要会团结人，来团结全团的同志，为的什么了，为的就是校长说的，把我们北路梆子再提高一步，带领全团同志，好好地为人民服务。彩平，祝贺你，祝贺你在艺术上更上一层楼。

山西省政协副主席赵凤祥也通过电视画面，热情洋溢地对观众说：张彩平同志是我省著名的北路梆子演员，梅花奖获得者。她的艺术特点是，唱腔高亢，委婉动听，表情丰富多彩，她演的《白蛇传》，能演得下面的老百姓哭了，充分反映了她的艺术水平。彩平同志出自农村，她的艺术来自勤学苦练，肯用功，人也聪明。希望彩平同志，在文艺改革中继续前进，创造辉煌的成就。

第五章 艺术传承

1. 时不我待

北路梆子是 2006 年被确定为国家级非物质文化遗产项目的。而北路梆子历史上却存在以大同市为轴心的云州道（大北路）、以忻州市为轴心的代州道（小北路）、以河北省蔚县为轴心的蔚州道（东路调）之说。虽然"三道"都是北路梆子，但在唱法、风格上却有许多不同。蔚州道（东路调）已经几近消亡，至于云州道（大北路）、代州道（小北路）大、小之说，并无贬义，是针对形成流域与分布流域而做作出的一种艺术描绘。

为了继续保护、传承和发展北路梆子艺术流派及其风格，促进北路梆子剧种百花齐放，张彩平与剧种传习中心经过积极准备资料和逐级申报，2011 年 6 月，国家文化部公布了大同北路梆子被入选第三批国家级非物质文化遗产项目扩展项目（编号Ⅳ-20）的决定。

2012 年 12 月，张彩平被国家文化部确定为第四批国家级非物质文化遗产项目扩展项目代表性传承人，她深深地感到了肩上的担子更重了。

雷厉风行 戏曲艺术是一代接一代打拼出来的，北路梆子的繁衍、发展也是这样一个轨迹。没有前人的努力，就没有后人的今天；没有前人创造的舞台艺术，就没有后人学习参照的范例。

从 2012 年年初开始，大同市北路梆子剧种传习中心依托"非遗"中心，先后为韩秀珍、张桂荣、高翠萍、李刚、刘建寅、王桂花等录像或录音。这几位演员，有的已经年过七旬，不抢救他们的艺术资料，很可能过几年他们就唱不动了、动不成了，即使老艺术家们的身体健康，但岁月不饶人，艺术是吃青春饭的，必须抓紧抢救。

其他参加艺术资料抢救性工作的演职人员，也都是在北路梆子发展过程中不同行当和岗位的代表人物。他们正处在"黄金"档期,也需要留下来"黄金"档期的最佳舞台形象和表演状态。

这只是首批参加录音录像的老艺术家和活跃在舞台上的中青年知名演员。为此,"非遗"中心还做出了坚持把这项工作继续进行下去的分阶段计划。

北路梆子优秀传统剧目《碰宫门》

2012年入冬后,张彩平又开始组织了整理复排北路梆子优秀传统剧目的工作。如,率先复排了《铡赵王》(王增文主演)、《四郎探母》(李刚主演)、《劈殿》《碰宫门》(刘文海主演)、《清风亭》(李峰主演)等优秀传统剧目。

随后,又从恢复排练经典折子戏入手,对《断桥》《行路》《算粮》等进行了集中赶排。

这样做的好处还在于:一是可以应对下乡演出,让青年演员有露脸的机会;二是必须把扔到一边不演出的经典折子戏复排出来,丰富剧团的艺术实力;三是希望把每一个人都调动起来,让每个演职人员有事干。

张彩平根据自己的从艺经验,对每个折子戏采用了"一带二"的传承方式。即一个折子戏选配两个演员出任同一个角色,意在形成互相影响、互相促进、互相学习、共同提高的复排氛围。

整个排练,先后进行了半年多时间,对推出新人发挥了积极作用。

基金眷顾　2013年12月30日,国家艺术基金管理中心在京宣告成立,立即在全国文化系统引起很大反响。

原国家文化部部长、首届国家艺术基金理事会理事长蔡武在讲话中指出：它标志着我国管理、资助、扶持与引导艺术事业健康发展又有了一个新平台、新渠道、新机制，是文化部、财政部贯彻落实十八届三中全会精神、深化文化体制改革、转变政府职能、推动文化治理体制与治理能力现代化的新举措、新成果。

国家艺术基金（China National Arts Fund，CNAF），是在党中央、国务院的关怀下，为了弘扬祖国优秀传统文化，繁荣艺术创作、打造和推广精品力作、培养艺术人才、推进国家艺术事业健康发展而设立的公益性基金，经国务院批准设立。

资金主要来自中央财政拨款，同时依法接受国（境）内外自然人、法人或者其他组织的捐赠。

国有或民营、单位或个人，均可按申报条件申请基金资助。

张彩平看到这样的消息,非常高兴。她心里想,这可真的是戏曲艺术又迎来了彻底复苏的第三个春天。

从 2014 年开始,经过张彩平与剧种传习中心的同事们积极准备,特别是在省市文旅主管部门的支持和指导下,仅五年时间,就先后为剧种传习中心获得了四项国家艺术基金资助项目,累计资助金额达 600 万元,这在地方院团中是一个不小的成绩,被称作是大同北路梆子的特有现象。

首开国家艺术基金资助项目的是小戏《行路》,它成功入选 2015 年度国家艺术基金"小戏"资助项目,掀开了大同北路梆子有史以来首次获得中央财政拨款资助的序幕。

新编历史大戏《平城赋》,同时获得 2015 年度国家艺术基金资助项目;随后,北路梆子优秀传统剧目《王宝钏》青年表演人才培养项目获得 2017 年度国家艺术基金资助;新编原创现代戏《净土》获得 2019 年度国家艺术基金资助项目。

国家艺术基金的眷顾,让张彩平与剧种传习中心,从整体上推进艺术人才培养的思路,得到了较好的落实。

第五章 艺术传承

2. 继往开来

北路梆子是祖国优秀传统文化的一个历史印证,是祖国戏曲百花园中的一朵艳丽花朵。经过历史积淀与薪火相传,深受人民群众的喜爱,形成了自身独有的舞台艺术景致和人才培养路径。

深根固柢 大同北路梆子的剧种传承工作,尤其是张彩平表演艺术的传承工作,是先从传承优秀传统剧目开始的。

工作推进中,张彩平首先考虑到,应该把她自己几十年来一直没有间断演出的优秀传统剧目传承下去。

张彩平在指导大同艺校学生表演

随即,便先后从常年跟着自己一直坚持学习的学生中,选择了几个平时刻苦钻研,并在舞台艺术表达上已经相对稳定的学生,分别做了重点培养。如,为张晶晶排演了《血手印》《王宝钏》《卖苗郎》;为董晓云排演了《血手印》;为赵海雁排演了《梦蝶劈棺》;为王翠萍排演了《王宝钏》;等等。

在传承过程中,张彩平始终注意了三个培养。一是培养从艺定力。不能今天做了传承,明天就坚持不住,后天就撂了挑子。定力决定恒心,恒心决定走向,走向决定未来,不能在思想上有丝毫松懈。

二是培养从艺理念。反复强调,传承是从艺的基础,任何时候,必须从基础学起,坚持先传承、后创新的从艺理念。还没有走好,就想跑起来,是不可以的。

三是培养从艺规矩。要求学习的学员,要从一字一句、一板一眼学起。一个眼神,一个表情,一个动作,都要看仔细,学到手。尤其是不能学完之后又回到了没学之前的表演状态。

对此,她都给学生们做了详尽的讲解和传授。

集中授业 2017年,"北路梆子《王宝钏》青年表演人才培养"被获准列入国家艺术基金2017年度艺术人才培养资助项目。文件下达后,为了更好地确保"项目"落地生根,张彩平首先确定了"专家遴选、择优录取、兼顾地域"的招生原则。随后,由剧种传习中心集体组织,招收了来自大同、朔州、忻州等地相关公办或民营剧团的30名学员。

2017年12月6日,培训项目开班仪式在大同市北路梆子剧种传习中心如期举行。

张彩平在指导弟子赵海雁(左)、张晶晶(右)表演

戏剧理论家/中国戏曲表演学会会长黎继德与张彩平(左三)、孟怀军(左二)、高鹏光(右一)等交流

曲润海先生(左)观看现代戏《净土》后与张彩平(右)合影

这是大同市北路梆子剧种传习中心承办的一次比较系统的培训工作。

一是跨地区招生培养。二是培训项目高度集中。三是群贤毕至，请到了很多高级别的专家学者和艺术家。如曲润海、廖奔、王蕴明、黎继德、王馗、刘彦君、秦华生、王笑林、郭占高、吴天凤、刘林凤、李润宽、任新宁、魏润平、成凤英、孙宏旺、张智、谢涛等。四是授课内容比较全面。其中涉及人生规划、艺术表演、文艺理论、政治素养等多个方面。还专门组织学员观看了音乐舞蹈史诗《为有牺牲多壮志——右玉和他的县委书记们》，并请市委党校老师做了政治辅导报告。

2018年1月11—15日，项目结业汇报演出在大同市图书新馆举行。

这是这批学员经过40多天专业培训后的一次集体亮相。

整个演出紧张而富有成效，登台的学员做了精彩表演，没有登台的学员，也在观看中得到了新的启示。有学员演出后表示，经过专业课、理论课学习，然后再登台演出，感觉政治觉悟增强了，艺术状态进步了。来自忻州等地的学员还表示，假设有可能，愿意留在大同市北路梆子剧种传习中心工作。他们说，主要是看到这里干群关系和谐、工作务实，创作氛围也好，有青年人施展才华的平台。

本次培训班还举行了专题研讨会。与会专家和学者，包括参加培训的学员，围绕北路梆子优秀传统经典保留剧目《王宝钏》的今世前生，未来走向，以及舞台表演等相关问题做了深入讨论。普遍认为，以剧目培养人才是一条很好的学习路径，这样的活动应该多组织、多举办。

2018年3月19日、20日、21日、22日，山西广播电视台公共频道《百家戏苑》栏目分4天播出了这次培训的汇报演出实况。

名家传戏 戏曲是"角儿"的艺术，培养青年拔尖人才是戏曲艺术传承发展的根本保障。

在戏曲发展长河中，"师徒制"下的"口传心授"，培养了无数戏曲精英人才，流传下了一大批经典剧目。随着中华人民共和国成立后各地方戏曲院校的相继建立，以"大班制"为主的"流水式"教学，也培养了很多优秀艺术人才，但戏曲艺术发展到今天，何去何从，便又一次摆在了戏曲人的面前。为了拔尖人才的不断涌现，国家文化主管部门还是推出了"名家传戏工程"，旨在推动"口传心授"为重点的"名家好戏"得以保留。

2019年11月10日上午，大同市北路梆子剧种传习中心排练厅正式挂出"名家传戏——当代戏曲名家张彩平收徒传艺工程开排"条幅。这是国家公布的2019年度"中华优秀传统艺术传承发展计划"戏曲专项扶持项目"名家传戏——当代戏曲名家收徒传艺工程"的一部分。

张彩平强调，演员在舞台上演唱的每一个音符、每一个动作，都要有理由、有感情、有美学成分，切忌用"情绪化""脸谱化"塑造人。即使是故事人物在哭、在笑，也是要做出艺术加工，表现艺术范式，高于生活。艺术养成是一个慢工，把各方面的艺术基础扎实了，也就有了向前发展的基础。

张彩平在传承现场对照曲谱进行声腔与表演辅导

当然，一代人有一代人的审美情趣和艺术感悟。必须承认，每一个优秀剧目的诞生，都是在变革中渐进发展起来的。所以，张彩平也向自己的学生们不断提醒，你们年轻，文化基础好，吸收新鲜事物快，要敢于放开胆子，不要受条条框框的影响和限制，可以把对白素贞、王桂英人物性格的理解与体悟，融入传承学习之中，让前辈的"经验艺术"变成你们的"传承艺术""成熟艺术"和"发展艺术"。

整个"传承工程"进展很顺利，虽然因抗击"新冠"疫情，暂停了一小段时间。但是，很快通过宅家"网络传戏"的方式和提前到团里集中排练，便补起来了整个传戏工程的计划进度。

枝繁叶茂　进入2000年以后，各个剧种突然泛起一股"收徒拜师"风，绝迹多年的"收徒拜师"形式又回来了。但是,张彩平却按兵不动,没有做这方面的打算。在她的思想深处有一个理念,就是带多少学生都没有问题,如果收徒传艺,那传承对象就得具备一定的艺术条件和艺术基础,也就是经过培养,能代表王玉山"水上漂"的艺术风格和基本特色,能撑起来王玉山"水上漂"艺术体系和艺术基调的一方舞台。收徒是一项严肃的工作,还得考察传承对象的职业稳定性与做人品质等,不能有任何"占山为王"的心理,而轻率作出决定。同时,她也在考虑自己的艺术,用收徒的方式往下传承,"火候"到了没有。就这样,一直以带学生的方式,不断把身边的赵海雁、

张彩平与学生(从左至右)王翠萍、董晓云、赵海雁、张晶晶在一起

张彩平与学生(从左至右)张晶晶、王艳、王翠萍在一起

张晶晶、董晓云、王翠萍和朔州的王艳,当作好苗苗加以培养。

赵海雁 女,山西右玉人,1981年出生。工青衣、小旦。国家二级演员,山西省戏剧"杏花奖"获得者。常演剧目有《花打朝》《杀妻》《血手印》《哑女告状》《梦蝶劈棺》等。

现任大同市北路梆子剧种传习中心(剧团)工会主席。

参加工作时间不长,就被选为《血手印》中侍女梅香的饰演者之一,

长期与张彩平同台演出。另在《王宝钏》中与张彩平也有合作，张彩平饰演王宝钏，赵海雁饰演王银钏，"二姐姐"的一段"劝改嫁"，"三妹妹"的一段"骂魏虎"，你来我往，颇受观众好评和欢迎。

赵海雁演戏走心，比较全面，与他人配戏，观察细致，自如流畅，每次登台表演，都有鲜明的舞台人物个性。在《血手印》中饰演侍女梅香的小花旦碎步，走起来总会是满满的戏韵。

在落实国家艺术基金资助项目时，赵海雁优先学习了《血手印》"行路"折子戏，较好地传承了张彩平传授的王玉山"水上漂"表演艺术。同时，用心学习"彩平腔"演唱特色，结业汇报演出时，受到了审评专家的好评。

在传承张彩平代表剧目《梦蝶劈棺》演出中，赵海雁饰演庄周妻子田氏，较好地复原了张彩平当年演出时的表演范式和演唱韵味。其中，"只要公子命保全"一段，唱词多达36句，用时21分46秒。她由后台起唱，唱得幽咽跌宕，凄苦挠心，然后身穿素缟，背身双水出场，富有吸引力。整个演出中，有单水、双水、搭水、落水、收水、旋子水、跳步水等多种单双水表演，并融入了蹦子、卧鱼、跳跪、膝步等程式，真正的"无动不舞"。

赵海雁性格活泼，平时与同事相处，还有见了观众，往往都是不笑不说话，加上对艺术上的努力钻研和不事斧削，自然在北路梆子观众与戏迷中有了一定的知名度。

张晶晶　女，山西孝义人，1987年出生。毕业于山西戏剧职业学院。工青衣，正剧、悲剧与正角、反角等，都能轻车熟路出任角色。

2019年，在张彩平鼓励下，张晶晶报名参加山西卫视《走进大戏台》山西青年戏曲演员擂台赛，以扎实的声腔艺术实力，展示了大同北路梆子的人才建设成果，也促使个人的知名度快速由晋北大地飞向晋中、晋南、晋东南地区，以致至更远的戏曲观众群。一度时间，成为大家热议和关注的青年戏曲新星。

打擂时，张晶晶是第三场出现在电视画面的。她选择了张彩平代表剧目《金水桥》中银屏公主的经典唱段"秋日丽金蝉鸣翠影弄柳"。演唱中，坐场点评嘉宾／晋剧名家谢涛、北路梆子名家成凤英、上党梆子名家陈素琴，就在交流中给予好评；坐场点评嘉宾／蒲剧名家孔向东，干脆离开座位，站起来挨个替其他三个评委直接按灯，表示对张晶晶的支持。

首战告捷。接下来，张晶晶又分别选择了张彩平代表剧目《血手印》中的"林郎他性聪颖好学不倦"、《断桥》中的"悲切切轻移步泪湿襟衫"和《卖苗郎》中"你的儿求官三载无音信"等经典唱段，同样受到了坐场嘉宾评委的好评。

从《断桥》开始，坐场点评嘉宾换成了黄梅戏名家杨俊、《西游记》（1986版）唐僧饰演者汪粤、文化学者雪小禅、《剧本》月刊副主编武丹丹。经过冲杀、比拼，最后以第五名的比分进入年度六强，与打擂决出的蒲剧、眉户、上党梆子等三个剧种的参赛选手齐名。

北路梆子新编现代戏《净土》上演后，张晶晶在剧中饰演出国寻亲而被迫沦落成"毒枭"的陈澜。身上穿着一袭亮蓝色丝绒旗袍，烫着大波浪鬈发，叼着烟卷，还会仰起头来，朝天吐着烟圈……舒展丰韵的身姿，歹毒多变的表情，举手投足之间的油赖，包括碰杯喝酒的动作，让观众看到了张晶晶饰演"反角"的驾驭能力。

董晓云 女，山西平遥人，1987年出生。先后毕业于晋中艺术学校、山西戏剧职业学院，原为晋剧演员。工青衣，亦演小旦、闺门旦、刀马旦角色。常演剧目有《打金枝》《喜荣归》《坐楼杀惜》《打神告庙》《斩窦娥》《血手印》等。

董晓云不爱说话，做事认真，自强自立，有先天优势，在容貌、身高、体态、气质等方面，都很抓人，也很有台缘，在观众中有"小彩平"之美誉。

董晓云基本功扎实，在《打金枝》中饰演的升平公主和《喜荣归》中饰演的崔秀英，清纯可心，招人喜欢；在《打神告庙》中饰演的敫桂英和《斩窦娥》中饰演的窦娥，极尽悲情色彩。

尤以《打神告庙》中的水袖功，如甩水、收水、抓水、提水、云水、车轮水、斜抛水、桌上下腰水等和梢子功十分惹眼，还有干净的跳步、蹲桌等表演程式，颇受观众和戏迷赞誉。全部《打神告庙》用时 10 分 48 秒，准确地完成了敖桂英奔神、求神、问神、疑神、怨神、打神等人物情绪的递进变化与渲染，塑造出了别样的北路梆子敖桂英人物形象。

2017 年，北路梆子新编历史剧《平城赋》在太原首演，董晓云在剧中饰演少年冯雁，一出场就会让观众感觉到眼前一亮。她在舞台妆容、行腔、手势、剑法、身段、步态、演唱、念白等多方面，皆有张彩平表演艺术的人物影子与声韵特点。其中，一段"剑法"舞姿及其美感，符合草原人的天然性格，形象立体，栩栩如生。

2018 年，董晓云参加了首届山西省"梨花新秀"青年戏曲演员展演，由其主演的《打神告庙》获得了好评。

舞台下的董晓云，"三观"端正，练功刻苦，遵守行规，不争不抢，有一定的自我约束力和控制力，是在做人与从艺两方面，努力追求高起点、高标准的青年艺术人才。

王翠萍 女，山西宁武人，1974 年出生。先后毕业于忻州艺术学校、山西戏剧职业学院。工青衣，亦演花旦、刀马旦、老旦角色。常演剧目有《李三娘》《穆柯寨》《杀惜》《王宝钏》等。艺术上，传承了张彩平戏路宽、擅演悲剧的优长，也有本人嗓音好的个性演唱特点。

《李三娘》是北路梆子优秀传统经典保留剧目，有贾桂林"小电灯"精磨出来的成熟表演路子，谁演起来都有一定难度。剧中给李三娘设计有很多唱段，板式全，段落用时偏长，大弯大调，顿挫繁杂，考验着出任演员的艺术能力。但是，王翠萍主演的《李三娘》，在演唱上重视融汇大同北路梆子的艺术风格，得到了专家和观众的认可。

《穆柯寨》也是北路梆子优秀传统保留剧目，王翠萍在剧中饰演穆桂英，扎靠打出手，唱舞俱佳，隐去了北路梆子青衣行当端庄、内收、稳重、大气的表演格式，集活泼、灵动、直率、勇猛于一身，塑造了穆桂英的"山大王"人物性格，有着别样的舞台风采。

第五章 艺术传承

王翠萍在北路梆子新编历史剧《平城赋》中饰演的李贵人，戏份不多，用时也不长，主要反映了北魏王朝"子贵母亡"腐朽制度下求生不能、欲死痛苦、极其残忍的一段离别悲情。王翠萍在剧中把握住了李贵人的心理状态，演出了李贵人的人物特点，给观众留下了深刻印象。

2019年7月26日，王翠萍与张晶晶，随张彩平一起参加"戏曲百戏（昆山）盛典"——北路梆子经典剧目《王宝钏》专场展演，当晚千余人的昆山文化艺术中心大剧院座无虚席，三个人分别完成了王宝钏不同年龄段的人物形象塑造，获得了当地观众和驻地新闻媒体的好评。

王艳 女，山西忻州人，1986年出生。从小多才多艺，会唱歌，善舞蹈。毕业于山西戏剧职业学院，原为晋剧演员。毕业后，先入职忻州雁门剧社（北路梆子），后考入朔州市艺术研究院（原朔州市北路梆子剧团）。常演剧目有《哑女告状》《血手印》等。

在艺术发展上，王艳长期追随张彩平的表演风格和声腔特色。在雁门剧社工作时，曾与张彩平同台演出《血手印》，饰演侍女梅香，因为迷恋张彩平饰演王桂英的腿功（圆场功）出神，竟然能忘记自己也在台上演出。

王艳扮相本色，行腔流畅，音色清脆，刚柔相间，飘扬有范，属于"歌""戏"两栖艺术人才。

张彩平看到赵海雁的成长进步，看到张晶晶在电视"擂台赛"中得到同行给予的评价，看到董晓云在观众中引起关注，看到王翠萍在昆山献演中的舞台表演，看到王艳一直努力学习北路梆子表演艺术，心里非常高兴。她深

《平城赋》演出前，学生董晓云为张彩平整理头饰

切感受到，人才培养是一项长期任务，任重而道远，由学生身份渐进培养成弟子，其实也是为了她们能扎实人生根基与艺术基础，不断提升做人品格与艺术素养。张彩平很明白，传承艺术、发展艺术、培养新人，是当前的事业重心，只要有人愿意学，她就愿意教，直到生命的尽头。

令人可喜的是，几位学生互相之间很团结，尤其是赵海雁、张晶晶、董晓云、王翠萍，都在一个单位工作，而所工行当又大致一样，她们既可以饰演《血手印》中的主角王桂英，也可以饰演配角侍女梅香，无论遇到谁，从来都是服从统一安排，不争不闹，让演什么角色就演什么角色。如张晶晶要去山西卫视《走进大戏台》栏目参加"打擂"比赛，董晓云欣然应诺配演角色，并在演出中精心配合，成为学生之间团结合作的一个见证。

情动昆山　2019年7月21日，"戏曲百戏（昆山）盛典"第二次戏曲大会在江苏省昆山市隆重举行。

7月26日晚，昆山文化艺术中心大剧院座无虚席，张彩平带着学生张晶晶、王翠萍一起受邀，在此演出北路梆子经典剧目《王宝钏》，成功地完成了剧中人王宝钏三个不同年龄段的角色塑造，第一次以本戏《王宝钏》演出形式，在全国戏曲舞台亮相，也是第一次由师生三人出演剧中的一个角色，并与全国的戏曲观众见面，旋即在昆山引起了热烈反响。

张彩平在《王宝钏》中饰演王宝钏
／现场演出照

这是继1959年由贾桂林"小电灯"赴福建前线慰问演出返回途中，在上海作短暂停留演出之后，时隔50年，又一次专程赴昆山给江苏人民展示北路梆子的艺术风采。加之，主办方从"非遗"保护和艺术传承角度，全程录制了演出实况。实乃无上荣光，意义深远。

演出之中，其受欢迎状态，也确实出乎意料，谁说南方人听不懂北方戏，一场《王宝钏》，先后获得十几次掌声，就是很好的见证。

扬帆起航　　人生在世，草木一秋。生命无涯，戏曲有灵。舞台虽小，阅尽人间百态。到这里，张彩平的人生与艺术故事就要暂时讲完了，就要进入尾声了。但她还有很长的一段人生和艺术之路，正可谓：

什么人留下了西边的黄河浪，什么人留下了东边的大太行，什么人留下了南边的麦花香，什么人留下了北边的长城长。表里山河堪雄壮，汾水一脉育家乡。五千年历史多厚重，古老的土地黄土黄。物华天宝，富集蕴藏。人杰地灵，英雄儿郎。沧桑巨变新气象，美丽风貌令人神往。新时代号角又吹响，创新动力已增强。守初心担使命，引领山西向前方。

新山西追随着时代的新梦想，新起点见证着建设的新辉煌。新蓝图描绘了转型的大方向，新征程实践着综改的新篇章。先行先试大胆闯，能源革命雄风荡。三大板块旅游广，六最环境美名扬。转型为纲，项目为王。改革为要，创新为上。一年一个新气象，美丽风貌令人神往。两山七河换绿装，扶贫攻坚奔小康。守初心担使命，引领山西向前方。

这是由王辉作词，张彩平与晋剧谢涛、上党梆子陈素琴、蒲剧贾菊兰三位梅花奖演员联袂在 2020 年省委、省政府春节团拜会上的演唱，展示了全省人民只争朝夕、不负韶华，共创三晋大地美好未来的壮志豪情，也饱含着大同北路梆子和张彩平表演艺术生机勃发的美好未来，让我们一道期待和祝愿吧！

附录

附录一：

艺术生平（年谱）

1961 年

10 月，出生于山西省怀仁市海北头乡黎寨村。

1974 年

9 月，时年 13 岁，经过在黎寨村小学校初试和在怀仁县文化馆、雁北戏校两次复试，被正式录取到雁北戏校。

1975 年

3 月，时年 14 岁，正式到雁北戏校开学报到。开蒙教师韩秀珍、刘林凤等，工青衣。

1981 年

12 月，毕业于雁北戏曲学校晋剧北路专业。

同年，进入山西省雁北地区北路梆子青年实验团，青衣演员。

1982 年

1 月，荣获 1981 年雁北地区新剧目、优秀中青年演员评比演出"青年一等奖"。(《教子》饰王春娥)

同月，参加 1982 年雁北地区戏剧优秀青年演员评比演出，荣获一等奖。(《断桥》饰白素贞)

3 月，参加 1982 年山西省优秀中青年演员评比演出，荣获"最佳青年演员奖"。(《断桥》饰白素贞)

7 月，参加文化部第四届戏曲演员讲习会。

同年，参加为杨得志等中央领导专场演出。

1986 年

4 月，参加 1986 年振兴山西戏曲青年团调演，荣获"主演金牌奖"。(《莲花庵》饰刘秀英)

1987 年

5 月，中共雁北地委颁发奖状。

7 月，参加山西省 1987 年北路梆子青年演员"杏花奖"广播赛，荣获"演唱奖"。(《白蛇传》白素贞唱段）

1990 年

3 月，荣获"山西省戏曲青年团先进工作者"光荣称号。

5 月，荣获中共山西省雁北地委颁发的"先进工作者"奖状。

1992 年

5 月，参加 1992 年山西省戏曲现代戏调演，荣获"主角金牌奖"。(《绿叶情》饰叶儿）

1993 年

2 月，当选政协大同市第九届委员会委员。

1994 年

9 月，经山西省艺术专业高级技术职务评审委员会评审，通过"二级演员"职务任职资格。

1998 年

2 月，当选大同市第十一届人民代表大会代表。

2002 年

1 月，参加大同市 2002 年专业文艺团体、大同艺校迎新春优秀剧（节）目展演活动，荣获大同市"十佳演员"称号。

6 月，参加山西省小戏、小品、小剧种调演，荣获"表演一等奖"。(《梦蝶劈棺》饰田氏）

12 月，进京举办张彩平个人专场演出，参评中国戏剧梅花奖。演出剧目：新编原创历史剧《琴笳赋》、改编传统戏《血手印》。大同市委副书记梁凤书、副市长冀明德、大同市文化局副局长刘涌洲等领导随行助阵。

2003 年

3 月，主演雁剧《琴笳赋》，荣获山西省第五届精神文明建设"五个一工程"优秀作品奖。

4月，荣获中国戏剧梅花奖。中国文联、中国戏剧家协会颁发证书。随后，任大同市雁剧青年团艺术总监。

同年，当选大同市第十二届人民代表大会代表。

2004 年

3月，被大同市文化局评为"2003年度文化工作先进个人"。

同月，被大同市委宣传部评为"2004年春节电视文艺晚会优秀个人"。

8月，被中共大同市委、大同市人民政府命名为"大同市优秀专业人才"。

2005 年

中央电视台11频道"名段欣赏"栏目录制节目。其中：录制《血手印》两段，《王宝钏》一段，《卖苗郎》一段，《琴笳赋》两段。

2007 年

7月，经大同市资深专家学者代表大会选举为"大同市资深专家学者协会"常务理事。

10月，参加第一届中国少数民族戏剧会演，荣获"优秀表演奖"。（《琴笳赋》饰蔡文姬）

同年，选举为大同市出席山西省第十一届人民代表大会代表。

2008 年

1月，参加第十一届山西省杏花奖评比演出，获新创剧目奖等。（《琴笳赋》饰蔡文姬）

2009 年

2月，登上《中国演员》（2009年01期）封面。（中国戏曲表演学会主办）。

5月，经省人事厅、省科技厅、省教育厅、省财政厅、省发展改革委、省科协批准，入选"新世纪学术技术带头人省级人选"。

2011 年

1月，参加山西卫视《走进大戏台》"三晋梨园春意浓"新春专场演出。

6月，北路梆子被列入第三批国家级非物质文化遗产项目扩展项目。（编号Ⅳ-20）

8月，出任大同市北路梆子剧中传习中心主任兼下属北路梆子演出团团长。（任命时间：2011年8月9日）

9月，被大同市文化广电新闻出版局命名为"市级非物质文遗产项目北路梆子代表性传承人"。

11月，山西广播电视台公共频道《百家戏苑》栏目播出张彩平艺术人生"名家访谈"。

2012年

12月，被国家文化部命名为第四批"国家级非物质文化遗产项目扩展项目北路梆子代表性传承人"。（证书编号：04-1606）

同年，选举为大同市出席山西省第十二届人民代表大会代表。

2014年

1月，北路梆子移植剧目《廉吏于成龙》（饰于妻，下同）完成创排。9日晚，在大同市工人文化活动中心一宫首场演出。

2月，京剧表演艺术家尚长荣莅临大同市北路梆子剧种传习中心，并受聘剧种传习中心艺术顾问。

3月，大同市委决定，3月20日至5月13日，大同市纪委、大同市委组织部、大同市委宣传部联合举办大同市党的群众路线教育实践活动"正气颂"廉政文化精品剧目《廉吏于成龙》专场巡演。

4月，大同市廉政文化戏剧专场巡演进驻广灵县。11日下午，北路梆子移植剧目《廉吏于成龙》剧组受邀在县政府礼堂演出。

6月，大同市廉政文化戏剧专场异地巡演开锣。13日晚，北路梆子移植剧目《廉吏于成龙》剧组受邀在朔州亮相。

7月，北路梆子移植剧目《廉吏于成龙》剧组获评"市三八红旗集体"。

9月，京剧表演艺术家尚长荣再次莅临大同。26日晚，开始说戏；27日上午，继续指导北路梆子移植剧目《廉吏于成龙》剧组精排精演。

10月，参加"庆祝新中国成立65周年山西省优秀新创剧（节）目展演"。5—6日，北路梆子移植京剧《廉吏于成龙》剧组，在太原市青年宫演艺中心连演两场。

2015 年

4月，参加2014年度国家艺术基金资助项目中国梦/黄土情/晋冀内蒙古陕甘宁六省（自治区）地方戏曲及民乐民歌"三展"联动演出。12日晚，北路梆子移植剧目《廉吏于成龙》剧组，在内蒙古民族艺术剧院民族剧场与观众见面。13日晚，北路梆子优秀传统剧目《血手印》（饰王桂英）剧组，在呼和浩特市乌力格尔艺术宫上演。

5月，北路梆子新编历史剧《平城赋》（饰冯雁，下同）开排。

8月，北路梆子新编历史剧《平城赋》联排。

10月，北路梆子小戏《行路》和新编历史剧《平城赋》入选国家艺术基金2015年度资助项目，分别资助金额20万元和250万元。

2016 年

11月，北路梆子新编历史剧《平城赋》完成创排。8日晚，在大同市工人文化活动中心一宫首演。

同月，北路梆子新编历史剧《平城赋》开始巡演。22日，走进驻大同市66075部队开始首场演出；29日，走进大同大学继续巡演。

2017 年

2月，北路梆子新编历史剧《平城赋》开始惠民演出。5日晚，大同市委副书记、市长马彦平，市人大常委会主任梁凤书，市政协主席柴树彬等观看演出。

同月，入选山西省"2017新春新创优秀剧目展演"。24—25日晚，北路梆子新编历史剧《平城赋》剧组，在太原市青年宫演艺中心连演两场。

8月，"北路梆子《王宝钏》青年人才培养项目"入选国家艺术基金2017年度资助项目，资助金额80万元。

9月，入选首届山西艺术节。1—2日晚，北路梆子新编历史剧《平城赋》剧组，在太原工人文化宫连演两场。

11月，大同市第十五届人民代表大会第二次会议，选举为大同市出席山西省第十三届人民代表大会代表。

12月，国家艺术基金2017年度艺术人才培养资助项目"北路梆子《王宝钏》表演人才培训班"正式开班。

同年，出版"北路梆子张彩平演唱专辑"。

2018 年

2 月，北路梆子原创现代戏《净土》入选国家艺术基金 2019 年度资助项目，资助金额 250 万元。

5 月，入选国家文化部 2019 年度"中华优秀传统艺术传承发展计划"戏曲专项扶持项目名单。

6 月，北路梆子新编历史剧《平城赋》入选中宣部、国家文化和旅游部举办的全国基层院团戏曲会演。5—6 日，在首都梅兰芳大剧院连演两场。

9 月，第一届山西戏友戏迷戏曲保护论坛在朔州举办。18 日晚，参加《梆腔情韵·唱响朔州》戏曲晚会。

12 月，登上《戏友》（2018 年 06 期）封面。（山西省戏剧研究所主办）

2019 年

3 月，入选 2018 年度山西省"三晋英才"支持计划拔尖骨干人才。（证书编号：2018023472，中共山西省委人才工作领导小组颁发）

5 月，北路梆子原创现代戏《净土》完成创排。12 日，在大同市工人文化活动中心一宫首场演出。

7 月，大同市禁毒委组织全市公安机关民警集体观看北路梆子现代戏《净土》专场演出。7 月 9 日晚，大同市副市长、市禁毒委主任、市公安局局长尚建军与公安机关民警 700 余人一同观看演出。

8 月，入选 2019 年戏曲百戏（昆山）盛典演出，荣获国家文化与旅游部颁发的荣誉证书。

9 月，荣获大同市委宣传部"时代新人说·我和祖国共成长"、2019 大同市"新时代奋斗者·行业先锋""薪火相传"荣誉称号。

11 月，当选第四届大同市戏剧家协会主席。

同月，大同市北路梆子剧种传习中心"名家传戏　当代戏曲名家张彩平收徒传艺工程"开排。

12 月，参加 2019 年大同市人大议政论坛，并在大会做"弘扬优秀传统文化、深化文旅融合发展"专题发言。

2020 年

1 月，北路梆子原创现代戏《净土》剧组，分别参加"我们的中国梦·文化进万家 2020 年'两节'期间山西省优秀剧目展演"和"2019 年全国优秀现实题材舞台艺术作品展演（山西分会场）"。1 月 3—4 日，在太原星光剧场连演两场。

3 月，在全民防疫、抗疫中，坚持"名家传戏　当代戏曲名家收徒传艺工程"不断线，乐师戴着口罩在单位排练室配合排练。

9 月，大同市编办通知，整改大同市耍孩剧种保护传习中心、大同市北路梆子剧种传习中心两个单位，组建大同市北路梆子和耍孩剧团保护传习中心。

10 月，出任大同市北路梆子和耍孩剧种保护传习中心负责人。（任命时间：2020 年 10 月 14 日）

2021 年

4 月，国家级"非遗"传承人张彩平、王斌祥、薛瑞红传承工作室揭牌。

7 月，北路梆子新编现代戏《忘忧草》（饰张凤云）完成创排。12 日晚，在大同大剧院首场演出。

附录二：

演出剧目（名录）

一、现代戏（6部）

（一）移植现代戏（4部）

红灯记（选场）（饰演李奶奶）

蝶恋花（选场）（饰演杨开慧）

野马（饰演林琳）

审椅子（饰演丁秀芹）

（二）新编现代戏（2部）

绿叶情（饰演叶儿）

忘忧草（饰演张凤云）

二、传统戏（7部）

教子（饰演王春娥）

王宝钏（饰演王宝钏）

银屏公主（饰演银屏公主）

走雪山（饰演曹玉莲）

打金枝（饰演沈后）

明公断（饰演秦香莲/皇姑）

汾河湾（饰演柳迎春）

三、改编传统戏（5部）

白蛇传（饰演白素贞）

血手印（饰演王桂英）

卖苗郎（饰演刘惠英）

三叩门（饰演刘秀英）

才女风尘（饰演李素萍）

四、新编历史剧（3部）

白登之围（饰演詹京娘）

琴笳赋（饰演蔡文姬）

平城赋（饰演冯太后）

五、移植剧目（9部）

窦娥冤（饰演窦娥）

三夫人（饰演岳夫人）

杀子冤（饰演王徐氏）

麟骨床（饰演张夫人）

嘉靖宫变（连本）（饰演李凤英）

三救薛仁贵（连本）（饰演柳迎春）

玉堂春（饰演苏三）

梦蝶劈棺（饰演田氏）

廉吏于成龙（饰演于妻）

合计：30部31个戏曲人物。

附录三：

经典唱段（唱词）

一、《断桥》选段

选段 A：实指望好夫妻白头相守

白素贞：

（唱）悲切切轻移步泪湿襟袖
　　　忆往事
　　　峨眉勤炼修
　　　寂寞无尽头
　　　难忍洞底苦
　　　思凡游西湖
　　　巧遇许郎夫
　　　恩爱结鸾俦
　　　好姻缘被拆散
　　　法海秃驴心肠毒
　　　心如刀绞痛难收
　　　实指望好夫妻白头相守
　　　不料想两分离恩爱全丢
　　　思前情柔肠断不堪回首
　　　望断桥更增添几重烦愁
　　　端阳节生是非把心伤透
　　　含辛酸有口难言强忍心头
　　　为许郎盗灵芝舍身相救
　　　用绫帕变银蛇疑虑消除
　　　法海贼使伪善将他引诱
　　　他怎解老秃驴诡计阴谋
　　　压不住心头火与他争斗
　　　怎容那法海贼将我辱羞
　　　谁不愿效鸳鸯交颈欢度
　　　谁不美比木鱼水中畅游
　　　谁不愿好夫妻恩爱相守
　　　谁不愿有情人终成眷属
　　　我绝不向恶魔帖耳俯首
　　　靠自身砸枷锁把孽物铲除
　　　对长天与大地高声怒吼
　　　人世间何时能把孽物铲除

选段 B：自从你金山寺焚香去后

白素贞：

（唱）断桥亭许官人苦苦哀求
　　　夫妻情难割舍阵阵心揪
　　　青儿妹妹莫动手
　　　官人呀／狠心的官人你把我丢
　　　自从你金山寺焚香去后
　　　哪一夜不等你月上东楼

妻为你茶和饭难以下口
妻为你怀婴儿金山苦求
替官人与法海好话说够
全不顾（那）老秃驴百般辱羞
好意儿山门外耐心等候
那法海反与我做了对头
他遣来天兵将与我争斗
腹内疼要分娩无奈罢休
若非是小青儿拼命苦斗
我腹中小娇儿也难存留
到如今姐妹们无处可走
也难怪青儿她要杀你头
你不在金山寺帖耳俯首
断桥亭来见我却为何由
许官人你何不思前想后
谁的是谁的非 / 官人呀 / 天在上头

二、《才女风尘》选段

选段 A：姐盼你早日成人宏图展

李素萍：
（唱）你不怪世态炎凉人情淡
　　　我姐弟孤儿弱女何处去借钱
　　　老爹爹停尸三日难入殓
　　　谁又肯施舍给他一薄棺
　　　姐姐我卖身且把银两换
　　　打发爹爹地下眠

剩下银两你带走
他乡拜师苦读寒窗前
姐盼你早日成人宏图展
寒门出贵子美名传
弟弟呀
此一别人海苍茫难相见
也不知骨肉团圆在哪年
姐姐不能随你去
这一颗心哪
日夜常在你身边
来 / 来 / 来
你我长跪破寺院
面对爹爹发誓言
李氏家风好
清白世代传
后辈当记取
人格最值钱
弟弟呀
眼看着生离死别要分散
说不尽这心中的万语千言

选段 B：见凤鸣气得我五内俱焚

李素萍：
（唱）见凤鸣气得我五内俱焚
　　　心儿碎肠寸断欲哭无声
　　　造孽人推我入火坑
　　　为什么我又忍辱负重蒙耻含羞

自卖自身亲手种下这孽根
可曾记挥泪道别报恩寺
临行时姐姐赠你卖身银
那银两满含着我的辛酸泪
从此后我一十二载落风尘
青楼女卖诗文保全贞节
盼望着有朝一日出火坑
富春院里的陈三两
时时想念你李凤鸣
我提起笔来想着你
不知你梅花篆字可练精
翻开书卷想着你
生怕你寒窗夜读不用心
我的兄弟呀
姐似那失舵小舟漂苦海
盼弟弟有如旭日早东升
日日想／夜夜盼
却不料今日相逢在公庭
我落风尘保清白
你做知州昧良心
戴了乌纱学刘瑾
贪赃枉法害黎民
身穿蟒袍忘父训
欺压弱女动大刑
我骂你丧尽天良的败家子
愧对长眠地下的老父亲

三、《玉堂春》选段

选段 A：可怜我幼年不幸双亲命断

苏三：

（唱）玉堂春身背着不白之冤
尊老伯暂息怒细听奴言
可怜我幼年不幸双亲命断
无照应只投在姨娘家园
这姨娘贪钱财将我诓骗
卖金陵入烟花更名苏三
落风尘陷泥坛污垢不染
老鸨儿常打骂百般摧残
忽一日王公子与我慕面
人品好勤学问牵动情弦
我陪他潜心攻读不知疲倦
托终身与公子鱼水相恋
烟花地风流陷阱深不可见
三万银被鸨儿倾囊榨干
怎能忘寒冬腊月风雪夜
王公子被赶出院乞讨长街

选段 B：悲喜交集我把爹爹唤

苏三：

（唱）一句话说得我心热肺暖
喜在心头笑眉尖
自幼儿失双亲无人照管

天伦乐让苏三倍感亲切
悲喜交集我把爹爹唤
欲上前又不妥思忖再三

四、《卖苗郎》选段

选段A：天凭数日人凭良心

刘惠英：

（唱）天凭数日人凭良心
　　　自从儿媳娶过门
　　　一心一意度光阴
　　　拉碾推磨儿不嫌苦
　　　缺吃少穿儿不嫌贫
　　　你的儿求官三载无音信
　　　奉二老养娇儿靠我一人
　　　白日里挑柴挖菜爬山越岭
　　　到夜晚纺花织布熬到三更
　　　勤俭用苦支撑
　　　双手挣来敬公公
　　　不想三年灾旱重
　　　纺车停／机杼顿
　　　挣不下银钱难孝双亲
　　　婆母饿死儿有愧
　　　公爹你又被病缠身
　　　为求医儿把首饰卖
　　　又卖儿嫁时的破衣裙
　　　到如今你老病又重

家中无粮又无银
想卖砖房无一间
想卖田地没半分
朽桌凳能卖无人要
破衣破衫不值半分
有心娘家求周济
他举家逃荒出了门
万般无奈把心横
紧咬牙关卖儿身
苗郎儿是我身上掉下的肉
点点滴滴涌心头
平日里舍不得打儿一下
舍不得轻轻喝儿一声
公爹呀／公爹呀
你只说卖苗郎绝了周门后
公爹怎知我骨肉分离我有多疼

选段B：我岂能再与你夫妻相称

刘惠英：

（唱）说什么你恋野金凤
　　　道什么爱我刘惠英
　　　分明你荣华富贵看得重
　　　夫妻恩爱你看得轻
　　　眼里只有财与势
　　　哪有半点义和情
　　　想当年你为升官忘根本
　　　到如今你为享福念旧情

似你这不忠不孝不仁不义的禽兽辈
我岂能再与你夫妻相称

五、《血手印》选段

选段A：为林郎直哭到窗前大亮

王桂英：

（唱）为林郎直哭到窗前大亮
　　　出门来风雪狂天地茫茫
　　　王桂英丧服行路上
　　　赴法场与夫郎奠酒祭桩
　　　王桂英在途中心似油煎
　　　林郎夫啊
　　　怨一声爹爹心太险
　　　折散我好姻缘
　　　害得我二八女
　　　孤雁落荒滩
　　　心烦乱泪如泉
　　　苦痛口难言
　　　何处去诉冤
　　　苍天也顺水推船
　　　想当年与林郎结成亲眷
　　　也曾有父母命媒妁之言
　　　林郎他性聪颖好学不倦
　　　倒叫我王桂英窃喜心间
　　　实指望结发后遂心所愿
　　　小夫妻度岁月共甘同苦
　　　谁料想老爹爹居心不善
　　　嫌贫穷欲悔婚反亲为冤
　　　他将我好夫妻生生拆散
　　　生的生死的死永不团圆
　　　我本想赠银两事可扭转
　　　怎料得累林郎身系牢笼
　　　撇下我孤伶伶有何熬盼
　　　怎度过漫漫夜枕冷衾寒
　　　我好似飞沙中风筝断线
　　　又好似狂浪里江心破船
　　　纵数遍人世间悲苦千万
　　　怎比我未娶先孀令人心寒
　　　生不能同床帱恩爱相伴
　　　死何妨同棺穴挨踵并肩
　　　此一去祭奠不再回转
　　　誓与我林郎丈夫阴魂结伴
　　　含冤诉屈上九天
　　　风雪茫茫泪满面
　　　望不见法场在哪边

选段B：经世事心也长大人长高

王桂英：

（唱）天晴了／大晴了
　　　适才间漫天茫茫风雪搅
　　　现而今天开云散日头高
　　　四望洁白光皎皎
　　　一群鹁鸽绕青霄

扑籁籁泪花不住地落
滔滔不尽是情潮
心似池塘生春草
春日春风款款摇
一腔心事如鸽哨
悠悠直往天上飘
家里面数我年岁小
爹娘面前尽撒娇
为林郎我尽把尊长傲
我竟把那大官说服了
嘴巴里滔滔滚滚
滚滚滔滔把冤昭
我刚才怎会说得那么好
就像个力挽狂澜的女英豪
是非经过不知晓
经世事心也长大人长高

六、《王宝钏》选段

选段A：喜今日心花开放展眉梢

王宝钏：

（唱）一脉青山披嫩草
　　　万里春风拂柳梢
　　　旭日东升霞光照
　　　满天愁云散九霄
　　　昨日里武家坡前把菜挑
　　　一军爷站面前甚是蹊跷

面带笑施一礼口称大嫂
开言问王宝钏可在南窑
他将我上上下下仔细瞧
不由我心儿跳脸儿发烧
我看他像平郎当年模样
却为何三绺青须胸前飘
细盘问是我夫乔装军校
怀深情探宝钏先来南窑
我夫妻珠泪盈眶满面笑
他替我提菜篮相伴南窑
眼未跳鹊未叫灯花未扑
却不想喜临门就在今朝
我好比旱天秧苗枝枯叶焦
乍然间逢甘露扬头挺腰
往日里破窑寒窗如冰窖
到如今春阳入户寒尽消
往日里天压人大地偏小
到如今地变宽天也变高
我夫妻久别重逢离情别绪知多少
不觉得灯尽油干明月西坠五更敲
他把那十八年来
蒙冤受害
隐姓埋名
苦征血战
拜王封侯
奉旨回朝的事儿对我表
说得我一阵喜一阵恼
一阵担忧一阵笑

百感交集情难描
穆元帅待平郎恩同再造
魏虎贼丧天良罪孽难饶
为只为恩与仇要辩分晓
我平郎清晨起携本上朝
喜今日心花开放展眉梢
回想起十八春秋度寒窑
自平郎西征把贼讨
我也曾少米无盐受煎熬
魏虎贼枉把谣言造
军粮未曾发一遭
虽艰苦宝钏我未被难倒
凭十指勤操作日夜辛劳
有事邻居来关照
我未要相府送来的吃和烧
就这样一年一年熬过了
才等到我平郎回南窑
魏虎贼千方百计陷害平郎祸自找
老爹爹三番五次捎书带信
逼我改嫁也徒劳
平郎他飞黄腾达多荣耀
宝钏我沙明水净也清高
这才是天开露日万物笑
苦尽甘来福自招
趁今日我父寿诞
文武百官三亲六友都来到
看看那魏虎奸贼
当朝宰相把我宝钏怎样瞧

身儿轻步儿快相府已到
朱门前玉旗杆高插云霄
迈步儿进府院人声喧闹
迎来个小丫鬟风韵多娇

选段 B：休道那松柏不如花好看

王宝钏：

（唱）听罢言低下头暗自盘算
　　　不由人一阵阵恼在心间
　　　她夫妻一个一个絮絮叨叨把我劝
　　　惹得我王宝钏好不耐烦
　　　强把怒容换笑脸
　　　上前去耍笑她一番
　　　谢二姐劝改嫁好心一片
　　　三妹妹怎能够和你一般
　　　姐姐一日三餐摆酒宴
　　　妹妹我粗茶淡饭难以饱餐
　　　姐姐住的高楼和大院
　　　妹妹我半间寒窑露青天
　　　你看你珍珠玛瑙头上戴
　　　绫罗绸缎身上穿
　　　花枝招展多么好看
　　　十个人见了九个人喜欢
　　　你看我头上戴的帕儿烂
　　　身上穿的补丁衫
　　　腰系的罗裙短半片
　　　连咱爹爹他也把我嫌

都只为姐姐福大我命浅
你富贵来我贫寒
你好比庭院牡丹青枝绿叶鲜又鲜
我好比高山松柏风吹雨打受摧残
休道那牡丹开得艳
红红绿绿能几天
休道那松柏不如花好看
耐风耐雨耐霜寒
别看我寒窑破院粗茶淡饭穿戴烂
王宝钏的人品比你端
来来来请往那边厢看
你看看魏姐丈那副容颜
猴眉鼠眼鼻梁扁
鬼耳鹰腮嘴又尖
前敞胸／后耸肩
脊背上的罗锅圆又圆
你看此人不一般
活像是城隍庙里
青脸红须／锯齿獠牙
那一个判官
他岂此容貌丑陋惹人厌
论人品越发是肮脏不堪
缺德无才少识见
单凭的谄上压下做大官
文不通来武不善
枉吃俸禄在朝班
在阵前胆小如鼠不敢战
害忠良却比豺狼更凶残

你把他
上上下下／前前后后
左左右右／里里外外
二姐姐／你看一看
那是个古董玩器／少名无讳
真叫人稀罕
我若嫁了这样的男子汉
难在世上活一天

七、《琴笳赋》选段

选段A：春深似海春满百花甸

文姬：

（唱）春深似海春满百花甸
看不尽无边芳草碧连天
几点雄鹰冲霄汉
群群羊儿白似绵
更可喜牧民多良善
霭霭深情似故园

左贤王：

（唱）好王妃为我匈奴赤心献
教罢稼穑教纺棉
十二年育林林成片
十二年养蚕蚕吐棉
十二年苦心和胡汉

文姬：

（唱）十二年反把草原当乡关

十二年

大王呀

你给我温柔给我暖

十二年

我的夫君呀

枯苗得雨又翩翩

诗书教方正

草原任天然

真山真水真情现

亲人的怀中自娇憨

又一年盼见怕见伤心雁

一颗心又随雁行归中原

问鸿雁家乡可曾弭战乱

问鸿雁春苗可曾绿山川

问鸿雁柳陌莺声可剪剪

问鸿雁花间舞蝶可翩翩

问鸿雁琅琅书声可曾响书院

问鸿雁文物典章可曾有人传

思乡梓念父老泪洒残简

继父志续大典要待何年

左贤王：
（唱）人言道曹操已将群豪翦
　　　尊汉室令诸侯中原粗安

选段 B：传青史万古千秋金石鸣

蔡文姬：
（唱）这篇篇页页／页页篇篇

容不下我心头恨

这字字行行／行行字字

写不尽我涕泪痕

捧文稿心绪如潮连天涌

一捧文稿一断魂

忘不了爹爹屈死目难瞑

遗我这寒灰半片简

凝血一张琴

琴弹断肠曲

残简寄望深

继父志续文章

重任刻我心

慰爹爹九泉冤魂

何惧它苦雨凄风

谁承想烽火连天离乡井

看遍了白骨累累箭瘢刀痕

胡沙迎／玄云送

孤身弱女入边庭

入边庭／识笳音

病苗儿边地得甘霖

娇儿呀

娇儿绕膝走

草原夫婿更温存

夜半时节常惊醒

只怕是梦不是真

是真又盼是春梦

心随征雁入苍穹

入苍穹／盼飞鸿

盼飞鸿 / 听汉音

听汉音 / 寄边声

寄边声啊

寄去我思乡恋土 / 刻骨铭心

一片故国情

盼呀盼 / 等呀等

盼来了东风应律阳和生

阳和生 / 罢戈兵

罢戈兵 / 快归宁

快归宁呀

离夫别子哭失声

夫送断肠笳

我留焦尾琴声与笳韵

关山重重纱难闻

大王呀 / 你为何放我走

小鹰儿 / 你为何不拉住娘的衣襟

大王呀 / 我的夫君

草原的莽男儿情如烈火性直耿

何曾委屈泪暗吞

强忍失妻丧家痛

赶我走更见用情深

文姬呀 / 你可懂

期望重啊 / 情义真

自古文人多不幸

岂止文姬叹余生

草原笳声催奋进

亲人嘱托更殷殷

为青史 / 为苍生

为前贤 / 为后人

收拾起琴悲与笳恨

慧剑斩私情

我写 / 我写

写进我的爱

写进我的情

写进我生命

写进我魂灵

琴声激越笳声振

传青史万古千秋金石鸣

八、《平城赋》选段

选段A：站云冈怀天下慈悲为本

冯雁：

（唱）听太子一番话心中感奋

不枉我十年来育儿艰辛

喜看他身健壮挺拔发轫

喜看他知诗书日诵夜吟

喜看他懂礼数仁义孝顺

喜看他璧无瑕清新天真

皇儿啊

娘育儿心甘愿不求回报

但愿儿做一个英主明君

站云冈怀天下慈悲为本

体民情知民怨辛劳为民

远小人近贤臣能担大任

戒奢靡树清风常拂浮尘
谋方略事从容处处谨慎
鉴古今正衣冠兴亡在心

选段B：建新政决不能半途而废

冯雁：

（白）方才你们恭贺我
　　其实没有什么可喜可贺的
　　魏国犹如一辆马车
　　我本该是坐车的
　　没有法子
　　儿子不争气
　　孙子又乳臭未干
　　我只好亲自赶车了
　　魏国要称霸中原
　　必须要走改革之路
　　《周易》有这样一句话
　　穷则变／变则通
　　此乃大道
　　鲜卑祖先
　　从嘎仙洞出来
　　越山关／取中原
　　每走一步
　　都是在改变中前进
　　过去老祖宗逐水草而居
　　现在我们住在人口百万的城郭里
　　过去财富靠征战劫掠战利品

现在靠征收税赋
过去有语言没文字
靠结绳记事
口传心授
现在习汉字汉语
诸子百家
如果我们抱着祖宗成法
一成不变
能有今日之魏国吗
可是我们一些人
身在平城
心还在嘎仙洞
因循守旧
不思进取
先帝在时
与我论及于此
往往痛彻于心
先帝立志图新
颁新政／开民禁
造云冈／任贤臣
先帝英年早逝
但其改旧制
建新政决不能半途而废
先帝颁旨实行班禄制
上从王公贵族
下到县衙小吏
一律拿朝廷俸禄
不准靠贪污勒索敛财

可是现在怎么样了 我们能够活着回嘎仙洞就不错了
你们听这民谣是怎么说的 孔圣人说
你贪他也贪 天无私覆
上下一齐贪 地无私载
夺我口中粟 日月无私照
刮我灶台土 我们要收回民心
厨有腐肉臭 当无私治国
路有冻死骨 今天哀家以幼帝之名义
云冈佛爷哭 发布新朝第一道法令
逐它回洞窟 今后王公贵族
有人说这是反诗 大小官员
哀家说这是民心啊 凡是贪赃满一匹布者
哀家以为 杀无赦
照此下去

附录四：

参政议政（选编）

标题：张彩平代表：培养好苗子／修复传统戏曲文化传承断层
时间：2013 年 1 月 27 日
来源：山西新闻网
记者：葛海霞

"艺术院校在培养戏曲人才传承传统文化和适应市场两方面如何保持平衡是一个大问题。"说起目前大同市地方剧种人才缺失问题，山西省十二届人代会大同团代表、大同市北路梆子剧种传习中心团长张彩平显得忧心忡忡。

张彩平代表介绍北路梆子传承现状：

"刚学戏时只有十一二岁，很苦。"1975 年，张彩平考入雁北艺校，从此踏上传承古老戏曲艺术之路，现为国家一级演员、中国戏剧家协会会员。随着文化艺术市场变迁，北路梆子剧种出现演出条件差、演员收入微薄、流失严重的状况，但张彩平一直坚守着，并凭极高的艺术造诣屡获殊荣。"一种有 300 多年历史的古老艺术，总得有人把它传承下去。"

2011 年，张彩平和同行们盼来了"柳暗花明"——北路梆子入选第三批国家级非物质文化遗产名录；同年，张彩平被确定为北路梆子代表性传承人。经转企改制，大同的歌舞团、晋剧团、北路梆子剧团四个专业艺术院团均成立剧种传习中心。

"国家文化部、当地政府对我们有扶持政策。"张彩平说，以前该行业不景气的时候，缺乏办公经费，连服装、光碟、资料都没有钱买，现在这些问题解决了，演员收入也得到部分提升。

目前，张彩平的北路梆子剧种传习中心有 120 人，其中 30 人为退休人员，15人内退，在岗的有75名演员。"但因常年在农村演出，三九三伏天不间断，饮食不规律，造成演员腰腿疼痛，或有扭伤跌伤，有的演员因油彩过敏无法化妆演出。"

张彩平说，虽然条件艰苦，但演员们都非常敬业地演出。"演员花七八年的时间才能学会最基本的演出，大家不忍放弃。"

但现状是，因政策、待遇问题，培养新的传承人很艰难。"今年我们委托大同艺校帮我们招15个学员，报名的只有两个。"张彩平说，这样下去，将出现演员青黄不接的状况，使传统戏曲文化在"文化大革命"中出现的断层更难以修复。

张彩平说，大同正在进行古城修复，大力发展旅游产业，传统戏曲文化应该是这个城市发展中不可缺少的瑰宝，她希望各级部门能在引进戏曲人才的方式上灵活对待，及时吸纳好苗子，给予其相应编制和待遇；艺术高校能与院团合作，帮助院团培养出基本功扎实的戏曲人才。

"虽然艰难、艰苦，但这门艺术总得有人传承。我们希望当地能免费提供一个固定舞台供我们演出，让喜欢戏曲艺术的群众有机会欣赏我们的演出，让这门艺术长久绽放光彩。"张彩平说，传统戏曲艺术的传承需要更多政策的扶持。

标题：代表张彩平："政府买单／百姓看戏"让文化亲民惠民
时间：2014 年 1 月 21 日
来源：山西新闻网
记者：王丹

1 月 18 日上午，山西省十二届人大二次会议在省城隆重召开。全省 550 名人大代表围绕"转型跨越""综改建设"等内容建言献策。

让人民群众共享文化发展成果，对满足广大人民群众精神文化生活具有重要意义。今年，我省的政府工作报告提出，将大力扶持中小微文化企业健康发展、创作文化精品、讲好山西故事，加强对外交流、唱响山西品牌。

作为一名基层人大代表，张彩平寄予我省文化发展的愿望既简单，又朴实："启动送戏下乡文化惠民工程，简单说，就是政府买单，百姓看戏，真正让农民乐在家门口。"

近年来，我省各地舞台艺术创作和演出繁荣发展，涌现出许多思想性、艺术性、观赏性俱佳的优秀剧节目，一大批受观众喜爱的艺术人才也不断涌现。然而，个别原因却让老百姓"无缘"这顿文化大餐。张彩平告诉记者，以大同市为例，2013 年，艺术表演团体演出总场次为 417 场，但对一座拥有 330 多万人口的城市而言，其受益率微乎其微，"尤其是偏远农村的老百姓，看戏更成奢望"。

之所以造成此现象，张彩平认为还是体制机制所致。眼下，各剧目演出主要依靠艺术院团市场化经营，多数院团出于经济考虑，都愿选择经济发达区域、企业和煤矿进行演出，老、少、边、穷地区少被问津。

"要改变现状，就得深化改革艺术院团体制机制，着力推动艺术院团下乡送戏。"谈及解决办法，张彩平说，可以根据省文化厅《山西省送戏下乡文化惠民工程暂行办法》，按照"政府购买、院团演出、农民看戏"的原则，设立专项资金保证活动正常开展，逐年加大扶持力度，"这样做，不仅满足了农民对文化生活的渴求，扶植了艺术院团的发展，也能为社会主义新农村建设和精神文明建设营造了良好氛围"。

标题：张彩平代表：抓好政府购买公共文化服务 / 推进文艺院团下乡
时间：2015 年 1 月 31 日
来源：山西新闻网
记者：冯耿姝

"今年，省长在政府工作报告2015年规划中提到，要深入开展'文化惠民在三晋'系列活动，抓好政府购买公共文化服务，推进文艺院团下乡和农村公益电影放映。这些，也正是我们所期盼的。"省人大代表张彩平说。

作为大同市北路梆子剧种传习中心主任，张彩平和身边的文艺工作者都亲身感受到，传统戏曲这一非物质文化遗产，正面临着难以传承的困境。"我们也想演出，可就是没市场；老百姓也不是不喜欢看我们的戏，是没钱，看不起。"张彩平说，"这也是我们工作中的一个困惑，传统剧种不去保护就会断层，因无法传承而最终失去。"

"加大政府购买文艺演出这一'文化惠民'政策的实施，惠民的同时也保护了传统文化，让从事传统戏曲行业工作者的事业得到保障，让老百姓能看到好看的戏曲。"张彩平建议。

标题：张彩平代表：恢复"非遗戏剧"演职人员全额事业编制
时间：2016年1月31日
来源：山西省长三角招商网

大同北路梆子是山西四大梆子之一，2006年被列入了国家级非物质文化遗产。然而，近几年戏曲市场一直不景气，演员的工资待遇大多无法满足生活所需。对此，作为大同市北路梆子剧种传习中心主任的人大代表张彩平认为，应当恢复非遗戏曲演员全额事业编制。

文化是民族的灵魂和血脉，从《非物质文化遗产保护法》的出台，到习近平总书记文艺座谈会讲话和国务院办公厅印发的《关于支持戏曲传承发展若干政策的通知》等，均对戏曲文化予以高度的重视和保护。

"每个演员每天练功、唱戏很辛苦，但是工资待遇上不去，付出与收获不成正比，便会造成人才的流失。"张彩平说，"近20年来，全省地方剧种都存在着演出市场疲软，创收微薄，维持艰难的问题，直接影响着剧种的发展和队伍的稳定。"

张彩平认为，保护、传承和发展地方剧种是我们长期的任务。因此，她建议政府部门在保护剧种的同时，更应该保护人才队伍，恢复非遗戏曲演员全额事业编制，解决职工的工资和福利待遇问题，让全省被列入国家级的"非遗"艺术院团更好地为山西的文化建设服务，再铸辉煌。

标题：张彩平代表：壮大人才队伍 / 振兴发展地方戏曲

时间：2019 年 1 月 28 日

来源：山西新闻网

记者：冯耿姝

"地方戏曲是中华优秀传统文化的重要组成部分，对地方文化艺术的传承发展具有不可替代的作用。但目前中国青年演员、编剧、导演、音乐、舞美等都非常缺乏，戏曲人才培养面临青黄不接的困境，人才匮乏的现象较为严峻。"在省十三届人代会第二次会议期间，来自大同团的省人大代表、山西北路梆子剧团团长张彩平表达了她对戏曲文化传承的担忧。

近几年，政府工作报告都提到了免费送戏下乡，并得以落实。"我们送戏下乡见到老百姓，他们都非常感动，口中一直念叨着感谢党，感谢政府。"张彩平说，"每当这个时候，我作为国家级非物质文化遗产传承人，都深感责任重大。"

然而在平时的工作中，张彩平发现由于培养不出拔尖人才，戏曲缺乏传承人，导致地方戏剧正在逐渐消失或衰落。"去年，在我省讲好山西故事的感召下，我们排练了戏曲《北魏冯太后》，当时由于演出人员不够，我们借了艺校的人员参与进演出中来，上演后群众反映特别好，但由于借调人员有自己的本职工作，这部戏常常都凑不齐人去演出。"张彩平略感无奈地说。

"学戏曲艺术的人，十二三岁就要进入艺校学习，但毕业了之后往往由于大多数人都因为剧团编制已满等原因，无法分配。"她说，"如何接续地方戏曲的人才'断层'，是戏曲振兴和发展的关键。"

她建议相关部门能够加强对传统文化的宣传力度，发展壮大地方戏的人才队伍，完善戏曲人才培养体系；增加剧团编制，让更多的年轻人参与到传统文化的发扬和建设当中来。"我们传统的戏曲文化精髓不能丢失，解决人才问题，对这类非物质文化遗产的传承与发展都具有非常重要的意义。"张彩平表示。

标题：张彩平：振兴传统戏曲／深化文旅融合

时间：2020 年 1 月 18 日

来源：大同日报

记者：李雪峰

我省是中国戏曲艺术的发祥地之一，四大梆子等原生剧种较多，被称为"戏曲摇篮"，不仅深受广大人民群众的喜爱，也成为了我省的文化品牌，加之我省丰富的旅游资源，推进文旅融合发展，以文促旅、以旅兴文，正是最好的时机。

在采访中，省人大代表、大同市北路梆子剧种传习中心主任张彩平说，当前，在推进文旅深度融合过程中，我省丰富的地域戏曲文化饰演着重要角色、承载着特殊的使命，但也存在着创作经费不足、优秀人才青黄不接、文旅发展还不相融合等问题，亟须加以解决。为此，她建议加大对"非遗"项目的支持力度，通过政府积极引导，健全完善"规划一批、创作一批、演出一批、提升一批、储备一批"的艺术创作机制，推动"非遗"融入旅游消费"食、住、行、游、购、娱"各个环节；支持艺术人才培养与引进，以地方艺校为依托，探索建立用人单位"订单培养"机制，并加大对紧缺人才的引进，允许自主招聘，形成"随招随用、特事特办"的良性用人机制；适度增加文化惠民演出场次，丰富广大群众精神文化生活，激励艺术院团创作精品，促进传统文化繁荣发展；按照文旅融合发展的新态势，参照其他发达省市景区的做法，在景点集中处，简编商演"情景剧"，增加旅游新亮点，使我省的优秀传统文化在与旅游产业深度融合中大放异彩。

附录五：

社媒评价（题引）

时代的呼唤——现代戏《绿叶情》思想性试析
作者：张世龙
来源：雁北日报
时间：1992 年 5 月 30 日

张彩平：亮丽在城乡舞台上
作者：敏君
来源：人民日报 / 海外版
时间：2002 年 1 月 8 日

大同雁剧青年团晋京演出获成功 / 张彩平演技倾倒首都观众
记者：姚桂桃 / 刘玉军
来源：北京专电

第二十届梅花奖在京颁奖 / 大同雁剧青年团张彩平登台受奖
记者：姚桂桃
来源：北京专电

两支"梅花"溢清香 / 杜玉梅 / 张彩平亮相人民大会堂
记者：姚桂桃
来源：北京专电

张彩平："梅花"丛里绽笑颜

记者：郝春涛
来源：大同晚报
时间：2003 年 5 月 18 日

她走过艰辛的路 / 张彩平艺术生活探微
作者：艾志国
来源：《中国演员》杂志
时间：2009 年 1 期

委婉大气 / 浑然天成 / 浅谈梅花奖张彩平主演的《王宝钏》
作者：景彦斌
来源：大同日报
时间：2011 年 11 月 25 日

梅花 / 访谈录 / 神形合一满堂彩 / 第二十届中国戏剧梅花奖演员张彩平
作者：赵欣
来源：中国戏剧出版社
时间：2012 年 12 月

沐春风云中大地朗润 / 扬正气廉政文化出新
记者：集体采编
来源：大同日报
时间：2014 年 2 月 27 日

雁云情深 / 时代气象 /《张彩平北路梆子演唱专辑》序
作者：曲润海
时间：2014 年 6 月 14 日

精雕细琢 / 奉献精品 / 京剧名家尚长荣莅同指导《廉吏于成龙》

记者：陈杰

来源：大同日报

时间：2014 年 9 月 28 日

北路梆子《廉吏于成龙》省城受欢迎

记者：史涌涛

来源：大同日报

时间：2014 年 10 月 8 日

提高演出质量 / 开拓演出市场 / 市北路梆子剧团盛夏下乡巡演结束

记者：张诗珩

来源：大同日报

时间：2015 年 8 月 12 日

北路梆子《平城赋》昨晚开始汇报演出

记者：崔莉英

来源：大同晚报

时间：2016 年 11 月 9 日

《张彩平北路梆子专辑》序

作者：丁义贤

北路梆子《平城赋》进京参加全国基层院团戏曲汇演

记者：周玮

来源：新华社

时间：2018 年 6 月 6 日

听罢南梆听北梆/慷慨激昂不寻常/北路梆子《平城赋》圈粉京城戏迷

记者：陈杰

来源：大同日报

时间：2018年6月8日

一部《平城赋》唱红北京城

记者：子衿

来源：山西日报

时间：2018年6月15日

《平城赋》：再现北魏改革恢宏历史

记者：乔燕冰

来源：中国艺术报

时间：2018年6月15日

北路梆子新编历史剧《平城赋》/再现北魏改革恢宏篇章

记者：艺戏

来源：中国文化报

时间：2018年6月20日

慷慨激越的《平城赋》

作者：苏扬

来源：光明日报

时间：2018年6月23日

北路梆子"彩平腔"的形成与发展

作者：张世龙

来源：《戏友》杂志

时间：2018 年 6 期

张彩平："我想让北路梆子站上更大的舞台"
  记者：杨渊 / 郭志清
  来源：中国文化报
  时间：2019 年 1 月 6 日

戏曲展新颜 / 北路梆子《王宝钏》亮相江苏昆山
  记者：赵欣
  来源：黄河新闻网
  时间：2019 年 7 月 29 日

获国家艺术基金 2019 年度资助项目 / 北路梆子现代戏《净土》开始排练
  记者：崔莉英
  来源：大同晚报
  时间：2019 年 3 月 24 日

尚建军观看禁毒题材 / 北路梆子戏《净土》专场演出
  记者：陈杰
  来源：大同日报
  时间：2019 年 7 月 10 日

我对北路梆子《平城赋》导演手法的一点认识
  作者：龚晋文
  来源：朔州艺术研究
  时间：2020 年 2 期

大同市北路梆子传习中心疫情期间不打烊

记者：崔莉英

来源：大同晚报

时间：2020年4月14日

换个"姿势"看黄花/北路梆子《忘忧草》上演

来源：新华网

时间：2021年7月13日

附录六：

舞台映像（选登）

《白蛇传》剧照 / 张彩平在剧中饰演白素贞 / 学生时期

《血手印》剧照 / 张彩平在剧中饰演王桂英（后）

《苏三起解》剧照 / 张彩平在剧中饰演苏三（右）/
李培云饰演崇公道

舞台映像（选登）

《琴茄赋》剧照／张彩平饰演蔡文姬

《琴茄赋》剧照／张彩平饰演蔡文姬（中）／
魏润平饰演左贤王（左）／马启兰饰演鹰儿（右）

《王宝钏》剧照/张彩平在剧中饰演王宝钏（前站者）

《卖苗郎》剧照/张彩平在剧中饰演刘惠英（左）/
李峰饰演周君汉

舞台映像（选登）

《绿叶情》剧照／张彩平在剧中饰演叶儿

《王宝钏》剧照／张彩平在剧中饰演王宝钏／现场演出照

《白蛇传》剧照／张彩平在剧中饰演白素贞／现场演出照

张彩平参加中华戏曲"走进洪洞"《苏三起解》会展演出

《忘忧草》剧照／张彩平饰演张凤云

舞台映像（选登）

《王宝钏》剧照 / 张彩平在剧中饰演王宝钏 / 学生时期

《琴笳赋》剧照／张彩平在剧中饰演蔡文姬

《琴笳赋》剧照／张彩平在剧中饰演蔡文姬

《血手印》剧照／张彩平在剧中饰演王桂英

舞台映像（选登）

《卖苗郎》剧照／张彩平在剧中饰演刘惠英

《王宝钏》剧照 / 张彩平在剧中饰演王宝钏

《银屏公主》剧照／张彩平在剧中饰演银屏公主

《平城赋》剧照／张彩平在剧中饰演宫奴冯雁

舞台映像（选登）

《平城赋》剧照／张彩平在剧中饰演皇后

《平城赋》剧照 / 张彩平在剧中饰演太后

《平城赋》剧照 / 张彩平在剧中饰演太皇太后

张彩平生活照

后 记

《张彩平艺术评传》将要付梓出版了。

这是我多年来写作"看戏日记"中第一次尝试这样的创作。

原稿遵循科研学术和求真求全，兼顾艺术普及与戏曲传播的精神，采用竖排横写的方法，从张彩平1961年出生写起，截至2020年5月底。分上编、下编两部分架构，另设附录八部分。上编"艺海泛舟"，重点介绍张彩平学生期间和做演员后的成长经历及其舞台创作成果；下编"春华秋实"，重点介绍张彩平带团以后的工作成就及其艺术传承情况。分设24章，计29.8余万字、470余幅图片。

经山西省戏剧研究所组织专家讨论，并提供"五章制"框架，在拆分重组时，做了大幅缩减。并改由横排竖写，前后九易其稿，历时两年，遂形成现在这样的版本。事中与事毕，悉心体会专家意见，深切感受到了他们谦恭、在行、无私、执着的工作态度，也让我在写作体例上获得了新知。

同时，由山西省戏剧研究所出面，请曲润海老领导为本书作序；由大同市北路梆子剧种传习中心出面，请魏润平、刘文海、李峰等新老艺术家审阅了原稿全文，陈向强、张世龙、高鹏光等业内人士参与了原稿审阅，并分别提出了修改意见；剧种传习中心办公室主任王凯同志提供了部分原始档案材料，在后期审改过程中，"非遗"中心青年文员庞凡同志传输了相关配图和落实了相关情况。

信任、鼓励和合作，也是成书的主要因素。从始至终，得到了山西省戏剧研究所所长祁爱斌和张彩平本人对我的信任；省戏剧研究所艺术科研规划部主任于小军和《戏友》编辑张玥等戏剧专家也在精神上给予我很多鼓励；省戏剧研究所信息资源中心主任贾伟同志在出版联络工作中付出了辛勤劳作；山西基因包装印刷科技有限公司排版设计梁晓荣、杨苈莎同志热情地接待并完成了三次"面对面"校改任务。

山西省朔州市艺术研究院院长师善教提供了原雁北地委领导关心艺术人才的相关写作线索；山西大学生物学博士罗爱国提供了参阅资料撷拾等相关帮助。在此，一并对他们表示感谢。

评传之事，本应知人论世，而我却不在业内工作。之所以敢落笔码字，权当是我作为观众对戏曲艺术的一份热心和喜好吧！

衷心希望能看到有更多的人来关注北路梆子艺术生态建设和艺术流派发展，关注北路梆子各行当优秀人才的宣传和推广，尤其是关注北路梆子青年艺术人才的培养与成长进步。

限于资料缺乏和能力与时间制约，纰漏在所难免，敬请戏友和读者批评指正。

龚晋文

2021 年 11 月 18 日于太原